# かかわりの政治学

平井一臣 編

法律文化社 ★

かかわりの政治学

目　次

## 第1章　かかわりの政治学とは何か……………………1

1　情報化時代の「かかわり」　1
2　「かかわり」のなかの私　2
3　差異のなかの「かかわり」　5
4　「かかわり」と「かかわる」　6
5　戦後日本政治のなかの「かかわり」　9
6　新保守主義と世紀転換期の変容　12
7　グローバリズム・ナショナリズム・ローカリズム　16
8　「かかわり」の政治学へ　20

## 第2章　公共的人間の今日的位相………………………23

はじめに　23
1　ロールズの議論　25
2　共同体論の議論　33
3　「幸福の追求」と共同体　41
おわりに　46

## 第3章　現代市民社会論のアクチュアリティ…………51

はじめに　51
1　現代市民社会論とシチズンシップ
　　――包摂と排除の問題　55
2　アソシエーション・コミュニティ・市民社会　62

3　権力と現代市民社会　69

　おわりに　74

## 第4章　自治体行政と住民 ……………………… 77
### 参加と合意のダイナミズム

　1　行政との遭遇　77

　2　日本社会のスケッチ　79

　3　人々の政治参加　86

　4　政治の日常化——より小さな政治へ　90

　5　住民投票　94

　6　住民参加　98

　7　参加と合意のダイナミズム——自治体基本条例への試み　100

## 第5章　公共性と自己選択 …………………………… 103
### 日本における福祉社会の展望

　はじめに　103

　1　日本における「福祉国家」の現状と課題　104

　2　日本における福祉社会の直面する危機　113

　3　日本における福祉社会の展望　122

## 第6章　社会運動ネットワークと対抗的公共圏 …… 129
### 新しい政治空間を切り開くために

　はじめに——かかわりの政治学とは何か？　129

　1　「市民運動」の登場——ネットワーク・経験・公共圏　132

　2　「市民運動」と「住民運動」——ネットワークと対抗的公共圏　137

　3　社会運動ネットワークの構造　148

　4　新自由主義時代の社会運動——NPOと公共圏　154

結びに代えて——萎縮する市民社会とセキュリティ 159

## 終 章 「かかわりの政治学」と私たち……………… 163

1 ジェンダー的視点からの問題提起 163
2 社会的資本論への注目 166
3 公共性と政治 168
4 情報から考える「かかわりの政治」 170
5 「かかわり」へ，「かかわり」から 173

おわりに 177


参照・引用文献
事項索引
人名索引

❖ 執筆者紹介 (執筆順) ──────────── ①生年, ②所属, ③専攻分野

平井一臣 (ひらい かずおみ)　編者, 第1章・終章
　①1958年　②鹿児島大学法文学部　③日本政治史, 地域政治

伊藤洋典 (いとう ひろのり)　第2章
　①1960年　②熊本大学法学部　③政治思想, 政治理論

中川伸二 (なかがわ しんじ)　第3章
　①1961年　②福島大学行政政策学類　③政治学

清水　透 (しみず とおる)　第4章
　①1965年　②元鹿児島大学大学院人文社会科学研究科博士後期課程
　③政治学, 行政学

廣澤孝之 (ひろさわ たかゆき)　第5章
　①1964年　②福岡大学法学部　③政治学, 公共政策

木原滋哉 (きはら しげや)　第6章
　①1958年　②呉工業高等専門学校　③政治学

# 第1章
# かかわりの政治学とは何か

## 1 情報化時代の「かかわり」

街頭テレビに集う人々

（毎日新聞社提供）

50年前の日本にタイム・トリップしてみよう。20歳前後の若者であれば，彼ら，彼女らのお父さんやお母さんが生まれた頃の時代だ。その頃の日本には，携帯電話やインターネットなどもちろんなかった。テレビもまだ一般家庭には普及していなかった。人々は街頭に設置されたテレビの前でプロレスや野球観戦に熱狂していた。電話だって限られた家にしかなかった。そんな時代である。今に生きる私たちが様々な情報を得たり，他者とのコミュニケーションをとったりする際に，当たり前のように利用している機器などほとんどなかった。このように考えてみると，わずか50年の間に，私たちが他者と交わすコミュニケーションや私たちが私たちの周囲から得る情報をめぐる環境が，いかに劇的に変化してきたかがわかるだろう。

しかし，そのような「恵まれた」条件によって，私たちは社会や他者とのかかわりを深めているだろうか。むしろ，世のなかで起きる様々なできごとに「知らんぷり」をしたり，身近でおきたできごとに対してすら「他人事」を決め込む。そんな傾向の方が強くなっ

**ケータイする若者**

(毎日新聞社提供)

ているのではないだろうか。情報化時代の到来，情報化社会の進展という言葉とは裏腹に，私たちと社会，私たちと他者とのつながりはどこか希薄なものとなっているのではないか。

例えば近年注目されている街頭カメラについて考えてみよう。これもまた情報化社会の申し子のようなものである。悲惨な殺人事件の容疑者の発見に街頭カメラは威力を発揮した。しかし，常時不特定多数の人々を映し出すこの機器は，同時に私たちのプライバシーを難なく侵害してもいる。私たちを取り巻く環境は，プライバシー侵害のリスクを犯してまで，そして常に不特定多数の人々を監視下におかないと社会の秩序を維持できないところにまできている。かつてオールダス・ハックスリーが未来の監視社会として描いたSF小説『すばらしい新世界』に限りなく近づいているともいえるのではないだろうか。

## 2 「かかわり」のなかの私

私たちは，生を受けてこの世に誕生した瞬間から，様々な「かかわり」のなかで生活している。家族，地域の共同体，自治体，国家などのなかで私たちは生き，暮らしている。私たちがもつ様々な「かかわり」は，経済的なもの，社会的なもの，文化的なもの，政治的なものなど，様々なレベルのなかで交わされている。本書では，主として政治的なレベルでの「かかわり」の問題を再検討するが，政治的なレベルの「かかわり」は，経済的なレベル，社会的なレベ

ル，文化的なレベルと無関係であるわけではない。ここでは，少し広い視野から，私たちにとって「かかわり」とはどのようなものか考えてみることにしよう。

図1-1 「かかわり」のなかの自分Ⅰ

人　　モノ
＼　／
自　分
｜
制度

まず，私たち個々人がどのような「かかわり」のなかにあるのかを考えてみよう。図1-1のように，私たちは，主として三つの「かかわり」のなかにあると考えられないだろうか。第一は，人との「かかわり」，第二は，モノとの「かかわり」，第三は，制度との「かかわり」である。

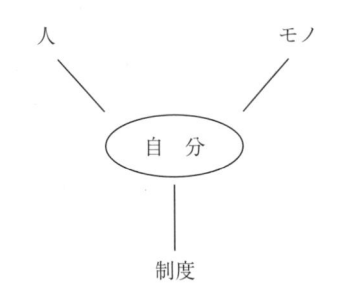

私たちは，生を受けたその瞬間からまずは家族という最もプリミティブな人間集団のなかにおかれる。やがて保育園や幼稚園，そして小・中学校，さらには高校・大学という学校での集団生活のなかで，私たちがかかわる他者の範囲は広がっていく。学校では同級生や先生といったかたちで，就職をすれば職場の人間関係のなかでの人々との「かかわり」を避けることはできないだろう。また，私たちはどこかの地域で暮らしを営むわけであるから，隣近所や同じ町内といった地域社会のなかでの人々との「かかわり」も当然のことながら生まれてくる。

次にモノとの「かかわり」であるが，これもまた私たちが生まれたその時からモノとの「かかわり」が始まる。産着やおむつ，ベッドや子ども用玩具，あるいはミルクや離乳食といった成長に欠かせないモノを通じて私たちは育ってきた。そして，現在の私たちの生活空間を見渡してみると，携帯電話，コンピュータ，自動車，家の中にある様々な家庭用電化製品等々，実に様々なモノのなかで私た

図1-2 「かかわり」のなかの自分Ⅱ

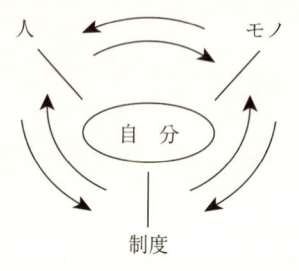

最後に制度である。ここで制度というのは明文化された法律のようなものや世のなかに存在する様々な機構・組織（役所や会社や組合など）といったものから，どこにも明文化されていないけれどもある程度慣習化されたものまでを含んでいる。つまり私たちの社会のルールを規定したり，そうしたルールを運用したり機能させたりしているものからなるシステムのようなものと考えてもらってよい。そうした広い意味での制度との「かかわり」もまた，私たちの暮らしの様々な面で確認することができる。例えば，私たちが小学校での6年間，中学校での3年間の教育を受けるのは，義務教育という制度との「かかわり」において，また，車は左，人は右といった道路交通は，道路交通法等の制度との「かかわり」において成り立っているのであり，さらに，前者の場合は，教育委員会や学校，後者の場合は，警察といった組織が関与している。

以上のように，人，モノ，制度との「かかわり」のなかに私たちがあるということがイメージできただろうが，私たちを取り巻く三者（人，モノ，制度）はバラバラに存在しているわけではない。図1-2にみるように，人とモノ，モノと制度，制度と人は，それぞれ相互に関連しあっている。人の生産活動によってモノは生み出され，生み出されたモノは人の手を介して流通し，人により消費され廃棄される。モノの生産や流通，消費や廃棄は，労使関係，商取引や流通に関連する様々なルールや機構といった制度のなかで行われている。また，モノの生産，流通，消費，廃棄のその時々のあり方が，

新たな制度を要請する。例えば、大量のモノを消費するようになった今日では、以前にはなかった廃棄物に関する様々なルールが誕生している。さらに、制度は制度を理解し運用する人が存在してはじめて機能するのであり、同時に人もまた社会生活や経済生活を送っていくうえで、それにかかわる制度を前提としているのである。

このように、私たちは、相互に関連しあっている人、モノ、制度の三者の網の目のなかでの多様で重層的な「かかわり」のなかで生きているといえるだろう。

## 3　差異のなかの「かかわり」

私たちをとりまく「かかわり」の多様性、重層性についてイメージしてもらったところで、次に、こうした「かかわり」というものも、時と場所によってその様相は大きく異なるものであるということを考えてみたい。

まず最初に「かかわり」の問題に時間軸を導入してみよう。私たちは、どこに生まれようとも様々な「かかわり」のなかで生きているわけであるが、しかし、「かかわり」のありようは、時の流れとともに変化するものである。人との「かかわり」においては、伝統社会のなかでの主従関係や身分関係といった相互規定の強い「かかわり」から、近代社会における個人本位の「かかわり」へと変化してきた。モノとの「かかわり」においても、消費社会出現以前の社会と消費社会が発達した現在の社会においては、私たちとモノとの「かかわり」は大きく変容している。さらに、制度との「かかわり」についてみても、制度そのものが歴史とともに大きく変化するものであり（法制度の改変や慣習の変化、様々な機構等の改廃など）、それに伴って私たちの制度との「かかわり」も変化している。

「かかわり」のありようは，時間軸にそって変化するだけではない。私たちの生活空間ないしは生きる場の違いによってもまた，大きく異なってくる。例えば，どのような国や地域に生まれたのか，どのような階級や階層に属しているのか，あるいは男性か女性かという性の違いによっても「かかわり」には違いが生じてくる。例えば，冒頭に触れた情報化社会の問題について考えてみよう。先進社会においては，かなり多くの人々がコンピュータを所有し，インターネットに接続して様々な情報を獲得しているが，世界を見渡すと，こうした情報化社会の恩恵を受けない地域も少なくない。また，男性であるか女性であるかという性の違いによる「かかわり」の相違については，いわゆるジェンダーの問題として，今日様々な角度から議論されている。

　このように，私たちが今現在有している「かかわり」というものは，歴史のなかのどの時点で，また，どのような社会や国家のなかにあるのか，という時間と空間双方の条件によって大きく左右されているといってよいだろう。私たちの有する「かかわり」は，決して均質なものなのではなく，歴史と空間が生み出した差異のなかで，具体的に形成されたものなのである。

## 4　「かかわり」と「かかわる」

　さて，これまでは，「かかわり」のなかの私ということを中心に説明してきたが，この場合の「かかわり」は，英語ではrelationshipと表現できるだろう。日本語の他の表現を用いるとすれば，関係性とか関係という用語を使ってもよいのかもしれない。これまでの説明は，主として私と私を取り巻く環境との静態的な「かかわり」（relationship, 関係性, 関係）を中心に説明してきたわけだ。

第1章 かかわりの政治学とは何か 7

今度は、英語の concern が意味する「かかわり」について考えてみよう。これまで説明してきたように、私たちは様々な「かかわり」のなかで生きているが、私たち自身は、空中にふわふわ浮かんでいる花粉とは違い、そうした

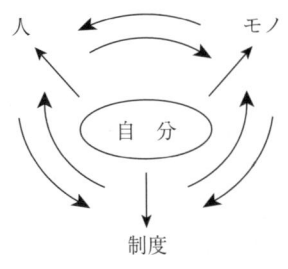

図1-3 「かかわり」から「かかわる」へ

「かかわり」のなかで何らかの選択をしたり選択をしなかったりしている。例えば、モノとの「かかわり」ひとつとっても、ある商品を購入するのではなく自前で作ってみるとか、同じ商品でもA社の商品ではなくB社が作った商品を買ってみるというかたちで、選択を積み重ねている。もちろん、私たちは、無条件に何もかも自分自身で選択している（あるいは選択しない）わけではない。生まれた時の家族関係を考えてみればわかるように、どのような家族のなかに生まれるかについては選択の余地がないし、また、制度に関して考えてみても、例えば、日本に生まれた限り人は右、車は左という道路法規のなかで生活せざるをえないように、どのような道路法規がよいのかを選択することはできない。また、自分自身では主体的に選択しているつもりであっても、実はそのような選択自体所与の条件ないしは枠づけのなかで行われているにすぎない場合もあるだろう。このように、何から何まで選択（非選択）の自由があるわけではないが、私たちが生きていくなかで様々な選択や非選択を積み重ねているというのもまた事実である。先ほど例にあげた商品購入だけでなく、学校や職場での人間関係や、あるいは、教育制度のなかで公立学校に行くのか私立学校に行くのか、といった制度の選択、さらには、政府が提示した法案に対する支持や反対といった制度に

対する意思表示などを，私たちはすることができる。

このように，私たちは，たんに relationship という意味での「かかわり」のなかに生きているだけではなく，concern という意味での「かかわり」，すなわち，関心や問題意識をもちながら人，モノ，制度に「かかわる」主体でもあるということに留意する必要があるだろう。

政治の世界は，これまで説明してきたような，私たちをとりまく様々な「かかわり」と，そのような「かかわり」に対して私たちが「かかわる」行為を含む世界の一部であるといえる。もちろん，政治の世界自体が大変幅広いものであり，また，そもそも政治とはどういうものなのかという問題をめぐる議論も積み重ねられてきた。ここでは，そうしたそもそも論には深く立ち入ることはせずに，「かかわり」や「かかわる」行為の観点から，政治の世界を簡単に整理してみることにしよう。

政治の世界も，人，モノ，制度という三者と私たちとの「かかわり」という観点からある程度説明することができる。ここでは，選挙という政治の世界のなかにあっては比較的イメージしやすい問題を例にとって考えてみよう。普通，民主主義国家といわれる国々では，選挙を通じてその時々の政府を作り出している。その場合，私たちは選挙にかかわる法規や様々な組織（政党など）との「かかわり」のなかにおかれる。また，候補者や選挙運動員といった人との「かかわり」，さらには，ポスターや選挙公報といったモノとの「かかわり」も生じてこよう。そして，選挙運動に参加するか参加しないか，投票日当日に投票所に行くか行かないか，といった選挙に「かかわる」行為を選択することになる。

このように，政治の世界もまた，私たちと人，モノ，制度との「かかわり」が織りなす世界ということができるだろう。

しかしながら、政治の世界が、経済生活や社会生活の舞台とは異なる固有の領域をもっているということも視野に入れておかなければならないだろう。政治の世界の固有性についても、様々な議論を展開することができるだろうが、特にここで強調しておきたいのは、人と制度との「かかわり」である。政治の世界の重要な一側面として、正義や共同善のための秩序の形成・改編・維持というものがあるという考え方がある。こうした考え方にたつならば、あるべき制度とその制度を創り出す人々のあり様についての考察が、政治の世界では欠かせないということになるだろう。近代国家形成期における思想家たち（ホッブズやロックやルソーたち）は、いずれも自然状態という一種の思考実験のなかから国家の姿を描き出したが、それらはいずれも、人間と制度との「かかわり」についての深い洞察に基づくものであった。秩序の形成や改編や維持のための制度とは何か、そしてそうした制度と人間との関係はどのようなものなのか。このような問題が、政治学の世界では繰り返し問われてきたのである。政治の世界は、経済や社会のレベルと同様に私たちを取り巻く人、モノ、制度が織りなす世界ではあるが、とりわけ制度の形成・改編・維持をめぐって人々が「かかわり」をもち、「かかわる」行為を積み重ねる世界なのである。

## 5 戦後日本政治のなかの「かかわり」

次に戦後日本政治、特に戦後日本政治の課題設定をめぐる様々な試みの推移を、「かかわり」の政治という視点から振り返ってみよう。

周知のように日本政治は、1945年の敗戦によって大きな転換点を迎えた。その後のいわゆる占領改革によって、それまでの制度は大

きく改編された。しかしながら、歴史は一夜にして変わるわけではないし、同時に、新しい制度のなかにおかれた人々は、戦前の時代における制度との深い「かかわり」のなかで政治意識や政治的行動様式を身につけていた。一連の占領改革で生み出された諸制度、すなわち日本国憲法を頂点とする戦後日本国家とどのような「かかわり」方がありうるのかということが、戦後という時代の出発点における人々の課題でもあった。

丸山眞男をはじめとするいわゆる戦後知識人が取り組んだ課題もまた、このような戦前的な「かかわり」の解明と、戦後における「かかわり」のありようの追究であった。丸山が「超国家主義の論理と倫理」で鮮やかに摘出したように、戦前までの日本において、人々の「かかわり」を媒介していたのは、天皇を頂点とし家族主義によって下支えされていた権威主義的な価値の体系であった。そこにおいては、権利や義務といった個々人間の決断や責任を伴う行為ではなく、より上位の権威に基づく下位への抑圧が連鎖するなかで政治的行動がなされる「抑圧委譲の体系」が支配的であったと、丸山は指摘する。そして、「戦後民主主義」の課題は、そうした戦前的な「かかわり」のありようを支えた価値との決別であり、同時に戦後民主主義を実現するための新たな「かかわり」を支える主体を模索することであった。明六社への関心の強さに示されるように、丸山が求めた新たな「かかわり」の原型は、上下の権威主義的な関係から相対的に自由な中間集団に求められた。

藪野祐三はかつて戦後日本の政治学の推移を「思想としての政治学」「運動としての政治学」「科学としての政治学」の三つに区分して説明した。藪野によれば丸山の政治学は、「思想としての政治学」を代表するものであった。しかし、1950年代後半からの高度経済成長、1960年の日米安全保障条約改定問題をめぐる政治的混乱などを

経て日本社会が大きく変容し、そのなかで、日本の政治学もまた「思想としての政治学」から「運動としての政治学」へと重心移動したというのが、藪野の見解である。

1958年の皇太子結婚フィーバーの経験について、この社会現象を松下圭一は「大衆天皇制の成立」として描き出し、丸山が描き出した戦前的な天皇制国家とは位相を異にする社会が登場しつつあることを示唆していた。60年安保闘争以後の日本政治は、議会制民主主義を所与のものとはしながらも、大衆社会状況のなかでの政治的主体のありようの模索が試みられ、それらの試みが、藪野のいう「運動としての政治学」の成果へと結びついた。それは、いわゆる市民政治論として展開されることとなる。

丸山らの議論が戦前との対比とヨーロッパにおける市民社会の成立過程を引照基準として戦後民主主義における主体を模索したのに対して、60年代の市民政治論は、戦後改革以後の日本政治の進展や高度経済成長下における社会変容を踏まえて、日本における市民政治の条件と可能性を追求する点が特徴的であった。実際、60年安保闘争後の日本においては、住民運動や労働組合主導ではない市民運動が、それぞれ規模としては小さなものではあったにせよ、全国各地で誕生し始めた。丸山が、戦後民主主義における「かかわり」の可能性を追求する際のヒントを近代日本の歴史的経験に求めたのに対して、60年代以降の市民政治論は、様々な運動が展開される現場（水俣、沖縄、革新自治体等々）に求めようとしたといえるだろう。そこで発見されていく日本政治における「かかわり」のありようは、人々を生活者として捉え直し、生活や暮らしといったレベルでの人々の「かかわり」のなかから、新たな政治的主体を立ち上げようとするものであった。

しかし、生活や暮らしといったレベルでの人々の「かかわり」を

バネにした政治は，戦後保守政治が追求し実現した政治体制を下支えするものとしても作用した。すなわち，田中角栄に象徴される土建政治や利益政治と呼ばれる政治スタイルは，高度経済成長のもとで実現されつつあった「豊かな社会」を享受しつつあった人々の利益志向，物質的豊かさ志向と巧妙に結びついたものだった。日本社会における人々の「かかわり」は，一方でマイホーム主義と指摘される核家族化された人々の閉ざされた家族空間へ，他方で企業主義とか会社主義と呼ばれる企業丸抱えのなかでの職場空間へと，収斂されていった。このような戦後日本政治における「かかわり」の場の形成は，それが戦後体制のなかで生み出された一つの成果でもあったという限りにおいて，日本国憲法を中心とする戦後体制へのソフトな支持を維持しながらも，積極的に戦後体制を維持し発展させるための「かかわり」を模索するという態度を育むことにはつながらなかった。

　同時に，以上のような60年代以降の日本の政治社会における「かかわり」のありようは，必ずしも外に開かれたものではなかった。例えば，在日韓国・朝鮮人の人々や沖縄などは，戦後体制の下で形成された「かかわり」の圏域の外におかれていたといえるだろう。

## 6　新保守主義と世紀転換期の変容

　以上のような戦後体制形成下での「かかわり」のありようは，1980年代以降に変化の波に洗われることとなった。その最初の波は，80年代に成立した中曽根内閣のもとでの一連の新保守主義的な政治として登場した。ほぼ時を同じくして成立したアメリカのレーガン政権やイギリスのサッチャー政権と同様に，中曽根内閣は「小さな政府」を目標に掲げ，第二臨調を中心とした行政改革を進めていっ

た。改革の中心となったのは、それまで労働組合運動でも中心的な役割を果たしてきた国鉄をはじめ、電電公社、専売公社の民営化であった。政府が担ってきた役割を見直し、政府の仕事や機能を縮減し、それらの領域を民間企業に代位させるというものであった。それまでの日本の政府が果たして「大きな政府」だったのかという点については議論の分かれるところであるが、政府機能の見直しと再編成という政策が、その後、そして今日に至るまでの日本政治のトレンドになっている。

中曽根内閣は、新保守主義の立場に立つ政策を進めたが、サッチャー政権やレーガン政権ほど日本における新保守主義改革は進まなかったといわれる。特に新保守主義改革に対する抵抗が強かったというわけではないが、80年代のバブル景気のなかで保守勢力の側も積極的な政策転換に踏み切ろうとはしなかったのである。

しかし、1990年代以後の十数年間の間に、日本の政治社会は大きな変化の波に洗われた。それは主に三つに要約されよう。第一は、米ソ冷戦の時代の終焉という日本を取り巻く国際環境の変化である。89年のベルリンの壁崩壊、91年のソ連邦解体などの事件を経て、東西の二つの陣営に世界が分かれ対立するという構造は崩れた。日本は、日米安全保障条約を基軸に主として西側陣営の一員として、対米関係を中心とした対外政策を展開してきたが、国際環境の変化に伴い、こうした対外政策自体の見直しも迫られた。米ソ冷戦の崩壊とほぼ時を同じくして発生したイラクのクウェート侵攻と湾岸戦争により、いわゆる「国際貢献論」が議論され、冷戦終結後の国際秩序と日本の関係が問われることとなった。第二は、国内政治の再編の進展である。93年の自民党分裂、その後の総選挙の結果を受けた細川内閣の成立と自民党の野党転落は、日本政治が政党政治レベルで再編過程に入ったことを意味していた。その後の選挙制度改革の

影響も受けて，冷戦時代の自民党と社会党を中心とした与野党体制は崩れていった。第三は，バブル崩壊後の長期不況と経済低迷である。この長期不況のなかで，リストラの嵐が吹き学生の就職難が増すなどの問題が生じたが，日本経済が構造的に曲がり角にたっていることが認識され始めた。つまり，かつてのような高度経済成長を再び実現できるわけではないこと，景気のてこ入れ策としての公共事業等の影響力が低下していること，さらに，今後の経済成長については少子高齢化社会や環境悪化などの今日的条件を踏まえた緩やかな経済成長を展望することが望ましいといった展望も提示されるようになった。

90年代以降の三つの変化が生じた後に誕生した小泉政権は，80年代の日本において中途半端なかたちで終わった新保守主義改革を，非常にハイピッチで，そして従来の自民党政治とはかなり異なるポピュリズム的政治手法を用いて，精力的に推進した。

以上のように，世紀の転換をはさんだ日本政治のトレンドの最大の特徴は，新保守主義の台頭といってよいだろう。この新保守主義の問題を，「かかわり」という観点から検討してみよう。

新保守主義の基本的な考え方は，戦後の「大きな政府」を見直すこと，そしてこれまで政府が行ってきた仕事をなるべく市場に委ねることにある。この考え方は，新自由主義ともよばれている。中曽根内閣の時代の三公社の改革，小泉内閣下での高速道路問題や郵政民営化問題などは新自由主義の考え方を具体的に政策化したものといえるだろう。このような新自由主義の根本にあるのは，市場への自由な参入と競争が最終的に秩序を維持できるという市場への信頼である。この考え方からは，例えば戦後の「福祉国家」などは，自由な参入を阻み，さらにいえば，個々人の自己責任を希薄にしてしまうと批判される。こうした批判が妥当なものかどうかはさておき，

新自由主義は，自己責任をもった個人が，自由な市場に参入し競争することを前提としている。そのためには，情報の開示と共有が不可欠となり，アカウンタビリティ（説明責任）の重要性が高まるというわけである。

このような考え方は，たしかにそれまでの集団主義的な日本の政治社会（企業主義や官僚機構による護送船団方式など）のあり方に対する批判的内容を伴っている。しかし，ここで想定されている「自己責任」を求められる個々人は，市場への自由な参入者（実際には全ての人々が等しく参入できるわけではないが）である一方で，個々人間の「かかわり」は極めて希薄となり，あるいは「自己責任」を妨げる障壁とさえなる。

こうした市場主義優位による「かかわり」の喪失に対する批判的なスタンスは，ヨーロッパにおいては社会民主主義の政治勢力により展開されている。しかし，日本においては，そうした社会民主主義的な政治勢力が極めて弱いため，新保守主義に対する対抗軸が形成されないまま今日に至っているといえるだろう。

しかしながら，新保守主義の立場は，市場主義による「自己責任」をもった個々人による競争社会の実現だけを追求するわけではない。そのような社会は，極めて不安定で「冷たい」社会である。新保守主義は，市場主義によって希薄化される個々人間の「かかわり」に代わって，別な「かかわり」の構築を目指している。その一つがナショナリズムである。例えば，教育基本法改正問題で愛国主義の導入が焦点の一つになったが，これは単なる復古主義の主張ではなく，新保守主義の進展に伴う新たな「かかわり」の媒介として愛国主義が動員されていると考えた方がよいだろう。このナショナリズムの問題は，これまでみてきた日本の国内政治の動向，特に新保守主義的なトレンドの台頭という文脈のなかだけでなく，国際環

境の変動とも密接に結びついている。次に、国際環境と国内政治、そして国内政治のなかの地域、という三つのレベルに注目して、現在の新たな「かかわり」の媒介として台頭しているナショナリズムの問題を考え、その問題点を指摘してみよう。

## 7　グローバリズム・ナショナリズム・ローカリズム

すでに述べたように、新保守主義が台頭するのに伴って、私たちの「かかわり」を媒介するものとしてナショナリズムを唱える声が強まってきている。教育基本法の改正のなかで「愛国心」が盛り込まれたこともその一例である。そうした政府レベルの動きだけではなく、もうすこし裾野の広い、一種の社会的雰囲気としてのナショナリズムの浸透現象が、今日の日本を特徴づけている。

例えば、「新しい歴史教科書をつくる会」の活動を調査した上野陽子は、そうした運動に参加する人々の心性を「癒しのナショナリズム」と特徴づけた。あるいはまた、精神分析医の香山リカは、ワールドカップ・サッカーで顔に日の丸をペインティングし、君が代を斉唱する若者たちの意識を取り上げて、「ぷちナショナリズム」と呼んだ。こうした最近注目を集めたナショナリズム論に関する議論によって示されていることは、次のような点である。第一に、現在のナショナリズムが、戦前に回帰する復古的なナショナリズムではないということ。第二に、第一の点とも関連するが、現在のナショナリズムは、戦前ないしは戦争経験のない世代、それもかなり若い世代に浸透しつつあるということ、第三に、バブル崩壊後の出口なき社会のありようをソフトに覆い隠す（覆い隠したなかでの社会的関与の実感を提供する）ものとしてナショナリズムが機能しているということ。以上のような点を明らかにしている。

上野や香山の興味深い議論は，今後の日本においてもナショナリズムの新たなパターンがさらに浸透していくことを示唆しているように思われる。しかし，ナショナリズムは，そうした国内的な要因ばかりでなく，国際環境の変化という条件によっても影響を受けている。

 国際環境の変化を考えるうえでキーワードとなっているのがグローバリゼーションである。かつては，「国際化」という用語を用いて説明されていた事柄が，最近ではグローバリゼーションという用語を用いて説明されることが多くなっている。「国際化」が international すなわち国家と国家の関係からみたものであるのに対して，グローバリゼーションは国家以外の主体や領域を視野に入れている。すなわち，現在の国際環境は，国家だけではなく，国際機関，NGO，NPO のような非国家組織や個人など，様々なアクターが担い手になっていること，そしてまた，国境を交錯する様々なつながりは，政治や経済だけでなく，社会や文化の領域にもわたっていること。こうした事態を表現する言葉としてグローバリゼーションという用語が積極的に用いられるようになった。世界レベルでの「かかわり」の急速な変化を示す用語といってもよいだろう。

 このようなグローバリゼーションの進展は，しばしば指摘されるように，先進資本主義国，とりわけ冷戦崩壊後に唯一の超大国となったアメリカの影響力の拡大とかなりの部分で重なっており，これをアメリカニズムとかアメリカナイゼーションと呼ぶ論者もいる。そして，こうしたアメリカナイゼーションとも重なり合うグローバリゼーションの進展は，一方でかつてないほどに情報や人，モノの移動を迅速にするとともに，そうした移動に伴うクラッシュを様々な場面で生じさせてもいる。その最もわかりやすい例が，9・11テロに示されたイスラム原理主義の反米運動と，それに対する「帝

国」アメリカの対応であった。ブッシュ政権下のアメリカにおける影響力の大きさのゆえに注目を浴びたネオ・コンは，そうしたグローバリゼーションの進展に伴うクラッシュに対して，アメリカン・ナショナリズムの論理で対峙しようとするものであった。

このような状況下で，日本でまず最初にナショナリズムの論理を比較的クリアに打ち出したのは小沢一郎だった。彼は，冷戦後の新たな国際秩序に対して「普通の国」となることを唱えたが，この主張は戦前への回帰を志向する復古主義とは一線を画すものだった。同時に，戦後憲法体制が，敗戦→占領→冷戦下での経済発展によって維持された日本独特の，そしてまた時代制約的なものであったとし，そこからの脱却を唱えるものであった。湾岸戦争とその後の海外へのPKO派遣，そして9・11テロ以後の対アフガン戦争や対イラク戦争への対応を積み重ねるなかで，日本は自衛隊を海外へ派遣する「普通の国」へと変貌しつつある。しかし，他方で，冷戦時代の産物でもある日米安全保障条約が，冷戦後の現在でも持続していることからもわかるように，日本の対外政策の基軸には依然として対米関係への配慮が最優先されてもいる。さらにまた，軍事面でのグローバル化への対応と並行して，日米構造協議や貿易摩擦問題にみられるように，日本の経済・社会・文化の領域におけるアメリカニズムを中心とするグローバル化の影響が強くなっている。

このようなグローバル化の進展のなかでの「普通の国」の実現のためには，積極的にナショナルなものを動員することが不可欠である。日の丸・君が代の法制化や教育基本法への愛国心の導入などは，「普通の国」への国民のアイデンティフィケーションを促す媒介として作用することが期待されているといえるだろう。しかし，こうしたグローバリゼーションの不可逆的な流れが，その内実においてアメリカニズムとかなりの部分で重複していること，しかも，日本

の対外政策の基軸が日米同盟にあることから，動員されるナショナリズムをめぐっては，必ずしも一枚岩的な理解があるわけではない。このことは，「新しい歴史教科書をつくる会」のメンバーが，対米認識によって分裂したことからも推察されるだろう。ただし，対米認識のズレを抱え込みながらも，対アジア認識においては共有部分があることもまた事実である。過去の戦争を正当化し，また，戦争責任問題についても正面から取り上げない姿勢にそのことはみてとれる。しかも，石原慎太郎東京都知事の「第三国人」発言に対する反響にも示されたように，日本以外のアジアに対する序列意識に基づいた排除のナショナリズムは，一部の政治家に止まらず国民の間に一定の支持があることに注目しておく必要があるだろう。

　以上のような今日の日本におけるナショナリズムの台頭に対する，有効な対抗軸は今のところ形成されていない。ただし，グローバリズムとともに進展しつつあるローカリズムのなかに，ナショナリズムとは異なるもう一つのアイデンティファイの可能性を見出すことができないだろうか。この場合のローカリズムは旧来の共同体に回帰するものではない。国民国家の集権的構造が弛緩するなかで，新たな可能性を獲得しつつある自治体や地域に活動の場をおく様々な団体や個人が創り出す思想や運動をローカリズムと呼ぶことにしよう。分権化のなかで進む自治体の役割の増大，NGOやNPOなどの非営利団体を組織し活動する人々，様々な市民活動，などである。そうしたローカリズムの運動は，グローバリズムと共鳴しあいながら，国境を越えた新たな人々の「かかわり」を模索するものではないだろうか。

# 8 「かかわり」の政治学へ

　これまで，「かかわり」という考え方を手がかりとして，私たちを取り巻く政治の世界を考えてきた。いずれにせよ，現在の政治の世界では，旧来の「かかわり」のありようが，様々なレベルで変容しつつあり，そのなかで新たな「かかわり」の模索が競合しあいながら進んでいるといえるだろう。

　現在の日本は，新保守主義の影響力が拡大するなかで，厳格な自己責任を前提とした競争社会に向かおうとしている。かつての人々の連帯の媒介の一つであった労働組合が弱体化するなど，個々の生活を維持していくこと，そして競争社会のなかで生き抜く術を身につけることに人々は汲々としている。しかし，競争社会が煽られる一方で，日本社会はかつての流動性を失い，階層の固定化がみられるともいわれている。このような一方での競争と一方での競争以前の階層の固定化という現実のなかで，人々の間のつながりを確保するために，ナショナリズムが動員される。こうしたナショナリズムへの傾斜はグローバリズムの波が襲うなかでさらに強まるだろう。

　しかしながら，そもそも私たちが社会の一員としてあるというそのこと自体，つまり私たちが様々な「かかわり」のなかにあるという事実を，もう一度見直してみよう。そこには，国家や家族だけではなく，様々な「かかわり」のありようが存在する。そしてまた，単に「かかわり」のなかにあるというだけではなく，私たち自身が「かかわる」主体として，可能性を秘めた存在であるということにも目を向けてみよう。「かかわり」の場と「かかわる」ことの様々な方向性を今一度見直してみるならば，何も国家や伝統的な家族だけではなく，新たな連帯に基づく社会を描くことができないだろう

か。「かかわりの政治学」は，現代の様々な思想のなかに，また人々が具体的に暮らす場のなかに，そうした新たな連帯の可能性がどのようなかたちで潜んでいるのかを探り，そのなかから新しい政治の可能性を展望することを目指すものである。

　以下の各章は，「かかわり」や「かかわる」という視点を踏まえて，政治哲学，政治理論，地方自治，福祉国家，そして現代日本の社会運動のそれぞれの領域についての考察を試みたものである。それぞれのテーマ毎にある程度独立した論考であるので，どこから読んでいただいてもかまわない。本書を通じて「かかわりの政治学」へのいくつかの入り口へ接近してもらいたい。

**【より理解を深めるために】**
**斎藤貴男『安心のファシズム──支配されたがる人びと』岩波新書，2004年**
　気鋭のジャーナリストが，現代日本社会を浸潤する管理と抑圧の網を明らかにし，それらを不思議とも思わずにむしろ自分たちの「安全」「安心」のために積極的に受容する私たち自身の問題を指摘している。
**篠原一『市民の政治学──討議デモクラシーとは何か』岩波新書，2004年**
　市民，そして市民による政治について長年考察を積み上げてきた著者が，「近代」という長い歴史的パースペクティブを通して現在の市民，市民社会の歴史的位相を明らかにし，新たなデモクラシーの可能性を提起している。
**高畠通敏編『現代市民政治論』世織書房，2003年**
　自ら市民運動の担い手となり，また，市民政治論をめぐる鋭い問題提起を行ってきた故高畠通敏氏の巻頭論文をはじめとして，様々な角度から市民および市民政治の問題を取り上げた論考が収められている。

第 2 章
# 公共的人間の今日的位相

はじめに

　表題に「公共的人間」と掲げたように，本章は，「公共的人間」のありようについての考察を目的としている。「公共的人間」についての検討とは，個人と共同体の関係についての検討ということであるのだが，個人と共同体というかたちで書くと，最初から個人と共同体を別のものとして捉えているようで，個人や共同体という言葉を過剰に実体化するおそれがある。そこで両者の関係をもっと動的に捉えるためにここではあえて「公共的人間」という少々耳慣れない言葉を用いた。

　少しだけ「公共的人間」という言葉について説明してから本論に入ろう。ここで「公共的」という言葉は，もちろん「私的」という言葉と対照的に用いられているが，単なる「社会的つながり」という以上の意味を込めている。「社会的つながり」というのは，例えば人間が言葉を話すのも，一定の慣習を身につけるのも，すべて「社会的つながり」のなかに身をおくことであり，「人間」であるということは，そもそもそういう「つながり」を身につけることであるというのは，これまたいまさら言わなくてもよい話である。

　では「公共的」とは何か。例えば，「社会的つながり」の場合，家族的つながりや友人的つながりなどの比較的身近なつながりのほかにも，幾分フォーマルなつながり，例えば選挙権を通じたつなが

りや自治体などとのつながり，あるいは職業や消費活動を通じた経済的なつながりといった様々なものがあり，さらにはボランティア活動などを通じたつながりなど，実に様々である。様々なのだが，こうした様々な「つながり」は人間が受動的に引き受けている場合もあれば，何かしらの行為を通じて自らつくり出していく場合もある。これらの「つながり」が人間の世界を形成しているのであるが，ここで「公共的」という言葉を用いるのは，これらの「つながり」を背景として，そこから立ち上ってくるある種の「かかわり」を表現するためである。では単なる「つながり」と公共的な「かかわり」にはどのような違いがあるのか。

　ここで用いる「つながり」はおよそ人間関係全般をさすが，「公共的」という形容詞がつく「かかわり」とは，通常の「つながり」を越えて，新しくつなぎ直したり，つながりを再確認したりする必要に迫られたとき，簡単にいえば，一人（ないしは仲間内）だけでは解決できない「問題」が生じたときに出てくる。つまり言葉や行為が発せられることによって，その問題が広く衆知のものとなり，それを核にした関係が生じるとき，それを「公共的なかかわり」と呼ぼうということである。「問題」は社会全体に及ぶこともあれば，一定の範囲に限定されることもあるかもしれないが，問題の存在自体は発せられた声や言葉によって万人の目に触れることになる。「公共的」と呼ぶ所以である。このような「かかわり」をもつ人間を「公共的人間」とここでは呼んでいる。

　ただ「公共的人間」をこのように考えるとしても，今日の状況は，個と社会（共同体）の「つながり」自体が不透明になっているといえるかもしれないし，また「公共的人間」とは反対のあり方も様々なかたちで指摘されている。本章ではこうした状況を念頭におきながら，私たちは今日どのような「つながり」かたをしており，また

どのような「公共的なかかわり」が可能なのかという問いを考えてみる。まずはそのために、ここでは個人と社会のつながりを考える最初の手がかりとして、ロールズ（Jhon Rawls）の『正義論』とそれへの反論として展開されたいわゆる共同体論を取り上げる。というのも、個人における共同体的次元の再確認という作業において、共同体論は大きな役割を果たしたのであるが、その契機となったのがロールズの『正義論』であったからである。ロールズの議論もまた配分的正義についての議論が中心となっているとはいえ、そこには個人と社会（共同体）の関係についての洞察がみられ、議論の出発点として適切な手がかりを提供してくれよう。

もっともロールズや共同体論について論じるといっても「またか」という感がぬぐえない面もあるうえに、ここでことさら新しい論点を提示するわけでもないが、議論の糸口として取り上げ、次に幸福論などを取り上げつつ、現代社会における「公共的人間」の位相について考えてみよう。

## 1 ロールズの議論

ロールズが『正義論』を著したのは1971年であるが、この時期は、ちょうどアメリカが往年の栄光から滑り落ちつつあった時代であった。黒人公民権運動やベトナム戦争といったできごとは、独立宣言に盛られたアメリカという国家の拠ってたつ原理的基盤への疑問を生ぜしめるに十分であったし、またニューディール以来の利益配分政治は、すでに「利益集団自由主義」という言葉で批判されるような集団エゴ的政治という色彩を強くしていた。ロバート・ダール（Robert Alan Dahl）が集団間取引としての政治をアメリカン・デモクラシーとして謳歌した時代は過ぎ去り、個別利益を超え、それら

を統制しうる「正義」が求められる時代となっていたのである。おりしも、戦後の成長経済の時代も終焉を迎えつつあり、オイルショックに代表されるように、各国は低成長時代の福祉国家のあり方に悩む時代へと突入しつつあった。

このような時代状況を背景としてロールズは『正義論』を発表した。周知のように、この著作は、いわゆる福祉国家的リベラリズムを理論的・哲学的に支える内容となっている。事細かに紹介するまでもないと思うが、ロールズの主眼は、全体的な効用の最大化を図る功利主義的思考への批判を展開し、法と制度の根拠としての正義を確立することであった。

有名な「無知のヴェール」や二つの原理については詳述を避けるが、要するにロールズが考えたのは、基本的権利・自由を平等に配分することと、経済的な不平等の許容範囲を設定することである。いわゆる「格差原理」という考え方は、不平等が許されるのはどのような場合であるかということを明らかにした原理であり、これが福祉国家的な富の再配分政策を弁証するものになっていることはいうまでもないだろう。これによって相対的に低い経済状態にある者も状態の改善に対する長期的な期待をもつことができ、社会的格差は一定の原則の範囲内に留められることになる。こうして正義の二原理によって、個人の基本的な権利や自由は不可侵のものとして徹底的に保護されると同時に、不平等は正義の原理が許容する枠組によって限界づけられる。

ロールズの正義論は、理論的枠組としては大体以上のような整理で理解してよいであろう。多くの解説書もこのような整理をしているようである。しかしロールズの正義論を全体としてみたとき、やはり強調しておかなければならないのは、彼の義務論的正議論である。言い換えると、制度としての正義は拘束力をもつとはいえ、各

人の自発的受容によって支えられなければならないという点である。ここで問題は，正義の原理を受容せしめるものは何かということである。

　ロールズによると，各人は正義に適う制度を受諾するという義務を負っている。この義務を果たすことによって，各人は社会制度の根幹を担うという意味で社会参加できる。例えば，累進課税制度に従った税金を払うことによって，その人は，何も命を投げ出して英雄的に頑張らなくても，社会の底辺層の長期期待を引き上げることに貢献するという義務を果たしたことになるのである。これが制度というものがもつ社会の統合機能である。つまり社会が一つの協動関係をもった統一体として存続するためには，私たちがいつも「いざ鎌倉」とばかりに忠誠心を丸出しにしたり，強制されたりする必要はないわけである。

　ロールズの義務論的正義論は，各人は生来的にこのような制度を支える正義を受容する義務があるという考え方を基本にしている。自らの効用よりも正義が課する義務を優先しなければならないのである。この点で，ロールズの議論はカント的な義務論に近づくことになるのであるが，このような義務が自発的に受容されるには，それなりの理由もなくては説得力に欠けるかもしれない。そこでロールズは「自尊心」という視点をもってくる。

　つまりこうである。ロールズによると，正義を尊重するということは，各人は社会の基本制度によって尊重されるということであり，これは社会に貢献しているという自負と社会から尊重されているという敬意を受け取ることができるということである。このような敬意は当然に制度を担っている人々相互の間で互いにもつものであって，いわば相互敬意によって支えられているのである。ロールズの「正義」は最終的にはこのような人間の論理によって支えられると

いうことになる。

さらにこれらに加えてもう一つ強調したい点がある。これが本章でもっとも強調したいことなのであるが、彼の議論、特に自尊心と正義をめぐる議論には、公共的精神の喪失に対する時代の問題意識が鋭く反映しているのではないかという点である。

ロールズの議論は、自尊心と正義との結びつきというかたちをとっているが、これは各人の人格と正義に体現される社会制度との結びつきでもある。この点で興味深いのは、ロールズの「友愛と信頼の絆」と「正義の絆」との相違に関する議論である。ロールズは、『正義論』において、「正義」を絆として人々が結びつくあり方について論じている箇所で、この結びつき方は、各人が日々身をおいている友人関係、家族関係、職場関係といった比較的狭い関係での結びつき方(これが友愛と信頼の絆である)よりももっと普遍性をもった結びつき方であることを強調している。ある意味ではこれは親密な共同体ともっと広い公共世界との違いを表現しているとみることもできる。人間には様々な絆がありうるのであるが、一定の範囲でのみ有効な感情や論理による結びつき方と、より普遍的な価値や論理による結びつき方とでは大きな相違がある。ある地域でのみ通用力をもつようなしきたりによる結びつきと、例えば「人権」という価値による結びつきとではその広がりや論理がまったく異なるのと同様である。

このような観点からみたとき、ロールズの議論は人びとの結びつきあるいはつながりを、正義を媒介とすることでそれを福祉国家の政策論と統合しようとした試みであるともいえるのではないか。このような個人と社会の統合の論理という観点からみると、この著作は今でも大きな魅力を湛えているように思う。

ところでロールズのこのような議論の構図は、後の彼の著作

(*Political Liberalism*, Columbia University Press, 1993) においても はっきりと読み取れる。この著作は，前作である『正義論』へ向けられた批判に応えて書かれたもので，前作の『正義論』において論じた「正義」があまりに包括的な道徳哲学になってしまっていたのを改め，明確に政治的な概念として位置づけるという目的を自ら設定している (Ibid. xv)。つまりロールズが「政治的自由主義」という概念で語ろうとするのは，「合理的ではあるが両立不可能な宗教的，哲学的，道徳的教義によって深く分裂してしまった自由で平等な市民からなる社会が，いかにして安定的で正義に適う社会であり続けることが可能か」(Ibid. xviii) という問題である。

このような問題自体は，前作においても善と正義の区別という観点に含まれていたというべきであるが，この著作において興味深いのは彼が「公共的理性 (public reason)」という言葉を用いて個人と政治的制度とのつながりを論じている点である。個人は「公共的理性」(これは同時に「実践理性」とも呼ばれる) をもつことによって，社会が求める原理に則って判断し，行動することができるのである。ロールズは，これに関連して「公共的アイデンティティ」(Ibid. p. 30) などという言葉も用いて，個人と社会の間につながりをつけようとしている。このようなつながりによって人間は「民主的人民」となるのである。

ロールズの議論は，価値的多元性を政治的リベラリズムによって包括しようとするもので，その意味では善と正義の区別という前作以来の観点が生きているが，特に「公共的理性」や「公共的文化」や「公共的アイデンティティ」などという諸概念は，本章の問題関心からみて興味深い。前作では「自尊心」や「相互敬意」といった諸概念をテコとして，個々人が積極的に社会制度の担い手となる契機を見出そうとしていた。新しい著作では，代わって「公共的理

性」という概念を設定し，明確に個人と公共性のつながりを打ち出している。そこでもう少しこの概念にこだわってみよう。

ロールズによると，この「公共的理性」は「市民」の理性であり，民主的国民の特徴である。この理性が「公共的」であるのは，まずこれが「公衆の理性」であるということ，そしてこれが扱うのが「公衆の善」および「基本的正義の問題」であるからだということになるのであるが，しかしロールズのこの説明は初めから「公共的」な審級が予定されていて，理性のなかでもこの審級にかかわるものが「公共的理性」と呼ばれているような印象を受ける。この審級はおそらくアメリカ的立憲体制ということになるのであろう。選挙に出たり，政治的な支持を表明したりといった活動にかかわるときに，「公共的理性」は発動されるのである。

ロールズはこのような理性に裏打ちされた社会的多元性を「合理的多元主義 (reasonable pluralism)」と呼ぶ。この多元性はある種の集合的徳に支えられているので安定的であるとされる。この場合の集合的徳とは「合理的であること，公正さの感覚をもつこと，妥協の精神をもっていること」であり，これは「公共的に受け入れられた政治的用語によって他者と協調する心構えができているということとつながっている」のである (Ibid., p. 163)。こうしてみると，ロールズの議論は，アメリカ的立憲体制へコミットする心構えがあり，そのような制度への同意がすでにあることを前提としており，その前提のうえで社会の安定性が保たれるという構図になっている。こうした前提の核にある人間的契機が「公共的理性」という概念なのである。したがってロールズのいう「公共」とは政治制度を核にもっているといってもよい。この「公共的」制度にかかわるかぎりで人間の理性も「公共的理性」と呼ばれるのである。しかし果たしてそれでよいのかどうかについては，また後にふれる。

ところでこのような議論は私たちにいわゆる「シヴィック・ヒューマニズム」の議論を想起させるかもしれない。彼自身，「公共文化」などの概念も用いており，実際，この思想的伝統に言及してもいる。しかし，彼はこの伝統の説く公的参加や集合的徳があまりに包括的であり，自らの「政治的自由主義」とは異なる点を強調している。「シヴィック・ヒューマニズム」の場合，生の意味全体が政治体への参加に依拠しており，生における政治のもつ比重の大きさは圧倒的である。それに比べてロールズの議論は政治のもつ比重の限定に腐心しているようにみえる。

そろそろロールズに関する議論をまとめよう。ここで強調したかったのは，ロールズの正義論を個人と社会のつながりに関する議論として読むということである。自尊心や相互敬意などの概念は，ロールズが，個人が積極的に制度を担うことの保障を見出そうとした議論であり，それは「公共的理性」という概念にしても同じである。もちろん，後者は社会的多元性を強調する議論のいきがかり上，その多元性を包括する政治的制度を支えるものとして想定されており，諸勢力間の妥協あるいは暫定的合意 (modus vivendi) を支えるものといってもよい。そのような妥協の精神が，多元性を内包した社会の安定性を支えるのである。その意味ではこの精神は社会全体を見渡す精神であるともみてよく，全体への配慮という意味での公共的精神にはちがいない。

こうしてみてみると，ロールズの議論は人間の社会的つながりを考えるうえで示唆的である。まず，自尊心と社会制度とのつながりという観点には，逆に人間は社会制度とのつながりがなくては尊厳をもった存在たりえないという観点が提示されているとみることができる。この場合，制度が生に対してもつ意味はかなり大きい。他方，「公共的理性」という観点は，生活様式や価値観の多元化した

社会で私たちは何を共有しているのか、できるのかという問題へと私たちを導いてくれる。

このような観点をもっと一般化して、私たちが自尊心をもって生きていくためには制度が必要である、私たちには全体を配慮する能力がある、といってみよう。人間が生きていくうえで、自尊心とか相互敬意といったことが不可欠のものであるなら、それを支える正義の制度は私たちの生にとって不可欠のものであろう。また、もし社会全体が多元的でありながら、諸集団間に暫定的合意が成り立っていることが私たちの幸福に不可欠のものであるなら、正義の制度はやはり不可欠のものであろう。

しかし、社会の全体的枠組が私たちの生にかような重要性をもっているとしたら、なぜ今日、社会的無関心や政治的無関心などが問題となるのであろうか。社会の全体的枠組といった大きな社会への関心（ロールズの言葉でいうと「正義の絆」ということになろう）が薄くなり、身の回りの関係だけが重要性を増すという、いわゆる「私化」と呼ばれる状況が出てくるのはどうしてか。言い換えると、立憲体制としての正義の制度と私たちの間には不可欠な関係があるとしても、その間の絆はロールズが考えているほど強いものなのだろうかという疑問である。制度を核として「公共」を、就中人間の公共的次元を論じることの限界がここにはあるのではないだろうか。やはり人間のつながりをもっと根底的なところから考え直していく必要があるのではないだろうか。この点でいわゆる共同体論の議論は示唆するところがあるようにみえる。以下ではロールズに対する批判として出てきた共同体主義の議論を取り上げてみよう。

## 2 共同体論の議論

まずサンデル (Michael Sandel) を取り上げてみよう。サンデルといえば,「負荷なき自我」,「状況づけられた自我」などという概念が有名である。善と正の区別に対する批判や自我論への批判も周知のことであろう。ここでは次の点だけ取り上げたい。

サンデルによると,ロールズの議論では,「自我」と社会的な価値や意味,伝統などとは切り離されてしまっている。それは,ちょうどウェーバー (Max Weber) が描いた「脱魔術化された世界」であり,目的なき世界に生きる人間の姿である。このような世界では,忠誠や信念のもつ道徳的力は失われてしまっている。サンデルは,「負荷なき自我」は,こうした現代の病理をそのまま受け入れた議論であり,価値へのコミットや自分にふさわしい選択とは何かという問いに答えられず,ロールズの前提とする人間は,社会を真に担いうる人間ではないとする。

サンデルが強調するのは,われわれが共同体のなかで果たしている役割はわれわれの人格の一部を構成しているということである。自分たちが暮らしている共同体の特徴はわれわれに関連をもっている。「結末が閉じられていないとしても,私の人生の物語りは,私の自己同一性が導出される,そのような共同体——家族であれ,都市であれ,部族であれ国民であれ,党派であれ大義であれ——の物語りのなかにつねにはめ込まれている」(サンデル『自由主義と正義の限界』三嶺書房,1992年, xiii~xiv) のである。たしかにそうであろう。私たちの生が,それが営まれている社会から離れてはありえないのは当然である。

ロールズとの対比で考えたとき,まずこの点が確認されなければ

ならないであろう。ロールズの議論において人間の公共的次元（本章でいう意味とは異なる意味であることは指摘したとおり）が強調されていたとしても、それは一種の普遍的価値の受容、あるいはそれに支えられた立憲体制の受容という面からみたものであった。それに対してサンデルの議論ではもっと特殊主義的なもので、人間の生は特定の共同体と不可分のものとして捉えられている。したがって個人の生は特定の共同体がもっている価値観や伝統、あるいはそこで共有されている「意味」といったものと不可分のものとなるのである。もちろん、個人の生を一つの小さな共同体に埋没させるということをサンデルは主張しているわけではない。ロールズが個人の生を特定の哲学的、宗教的立場などから離れて立憲体制との関連のみで捉え、正義を論じることに対する批判なのである。

　ところでサンデルの議論をもう少しみてみると、彼は次のように自らの立場をロールズなどの自由主義、R. ノージック（Robert Nozick）などのいわゆるリバータリアンらと対比させている。

① 自由主義者は個人の権利の増大を無条件の政治的道徳的進歩とみなすのに対して共同体論者は、小規模な結合体を重視する。
② 自由尊重主義的な自由主義は私的経済を擁護し、平等主義的な自由主義は福祉国家を擁護し、共同体論は権力の集中を批判し、中間的な共同体を擁護する。
③ 自由主義は共同善の政治を批判し、共同体論は伝統のゆるみを批判する。（共同善は不寛容の政治へとつながるという批判に対して、共同体論は、不寛容は自我を支え、自信をもたらす伝統のゆるみから生じるものであるとする。「自我は、共通の意味がその力を失った世界の大海で途方に暮れている。」）

　このような比較を通してみると、サンデルの「中間的団体」を強調する議論は、国民国家などの大きな枠組としての政治的共同体よ

りももっと小規模の共同体を強調しているとみてもよいであろう。それは個人の生に不可欠の「共有された意味」が小規模の集団ほど強く濃密であると考えられるからである。

少し荒っぽいが、このようなサンデルの議論を次の二つの視点に収斂させてみよう。すなわち「規模」と「意味」という視点である。サンデルの批判がロールズの個人主義に向いているのは確かなのであるが、その一方でロールズの議論が個人を支える共同体の規模に無頓着である点にも批判の目を向けているとみてもよいであろう。ロールズが想定するような大きな共同体では「意味」の共通性、あるいは共有の濃度が十分ではないとみていたのではないだろうか。つまり、サンデルの問題関心を、「共通の意味」の「共通性」をどう確保するかという問題、言い換えると、意味の共有を支えるような「共通感覚」の水位をどう高めるかという問題として捉え直してみたいのである。

このような捉え直しからみると、サンデルの問題提起はロールズの議論の手薄な点を明らかにしてくれる。つまり、正義の制度が個々人の生に不可欠であるとするならば、なぜ今「私化」と呼ばれる状況が生じているのか、という問題は、個々人が相互にもっているはずの「共通感覚」から、あるいは社会における「意味の共通性」の水位という問題から考えてみる必要があるのではないだろうか。これは言い換えると道徳の問題ともいえるが、同時に共同体の規模という問題とやはり不可分なのである。

ここでサンデルを離れてウォルツァー（Micheal Walzer）を取り上げてみよう。というのもウォルツァーの議論をとおして私たちはサンデルの問題提起を別の角度から深めてみることができるからである。「意味の共通性」は個々人にとってどのような意味があるのか、またそれは政治的にはどういう意味をもつのかといった問題へと展

開させることができるからである。ウォルツァーに関しては，彼が共同体主義といえるかどうかも含めて議論があるようであるが，ここではこうした議論には立ち入らず，行論にとって必要な視点のみ言及したい。

　ウォルツァーの問題関心は，共同生活（コモンライフ）の意味についての探求である。私たちは集団において生活している以上，その集団の課する規則に対して，明示的か暗黙的かを問わず，合意というコミットメントを行いながら生活している。社会組織とはこのような合意とコミットによって成り立っており，また，政治権力の基盤にはつねにこのようなコミットメントがある。このコミットメントが私たちに様々な義務を課すことになる。自ら合意した以上，そこにそのルールの遵守の義務やときにはそれを越えたもっと積極的な義務が生じることもあろう。もちろんこのような義務は市民的自由が最大限保障されている場合のみ生じる。

　ただ問題は，どの程度の義務が発生するのかということである。ルールを守るだけではない，税金を払うだけでもない，選挙に行くだけでもない，ときには集会に行くかもしれないが，それだけでもない，団体や運動のリーダーを務めるかもしれないが，それだけでもない，それ以上のなにかがあるのだろうか。ウォルツァーは究極の義務について考察する。それは「国家のために死ぬ義務はあるか」という問題である。自由な合意は私たちに「国家のために死ぬ義務」を課すであろうか。ウォルツァーの議論を整理してみよう。まず問題は，個々の市民は国家の安全を彼の自発的な死の動機にする義務があるのだろうかということである。ここで彼は二つの回答を用意する。一つは「イエス」という回答であり，もう一つは「ノー」という回答である。まず「ノー」という回答からみていこう。

この回答では，特にホッブスを参照しつつ，第一に，国家の目的は個人の生命であることが確認される。「国家は具体的な個々人の生命の価値——その安全を国家は提供するのである——を越えてはいかなる価値ももっていない。個々人が守るべきなのは，共同生活ではなくて，個人の生命である。」(ウォルツァー『義務に関する11の試論』而立書房，1993年，116頁) ということは，国家は個人の生命以上の価値をもたないので，命を賭して守るというのはまったく本末転倒のナンセンスということになりそうである。ところが，もう少し考えると，もし国家（コモンウェルス）を設立しなければ個人の生命が守られないとすると，国家の保持と個人の生命保護は表裏一体となり，国家（コモンウェルス）の放棄は個人の生命の放棄と同じことになってしまう。この場合，あくまで個人の生命が目的で，国家は手段であるとは言い切れない事態が生じてしまうのである。とすると，個人は命を賭して国家を守るべきか，それとも個人の生命は自然権として，国家の存亡以上の価値があるといえるかという問題は一つの隘路に逢着することになる。

　このような隘路に直面して，ホッブズ的立場では，個々人が共同体に対してもつ義務を明確に規定できないことになる。「自由に意志する個人の絶対的な独立から出発し，政治と国家を個人の諸目的を達成する手段と考える，そういった理論はいかなるものも，まさにその性質上，究極的な義務を論述することはできないように思われる。」(同，124-125頁) というのが，ウォルツァーの結論である。すなわち自由主義社会の利点とは，「何ぴとも公的な理由のために，あるいは国家のために死ぬべく求められることはありえない。」(同)

　他方，「イエス」という回答の論理をみてみよう。ここでウォルツァーはルソー (Jean-Jacques Rousseau) を参照しながら，まず次の

ような定義を提示する。

「(良き社会の定義とは,)そのために死ぬに値する社会であり,市民たちは公的な理由のために自らの生命を危険に晒す義務を負う。」(同, 126頁。)というものであり,「良き社会は,道徳的団体の道徳的成員が自らの十全の発展を実現させるところである。社会以前の人間の本能,なかんずく自己保存の本能は覆される。国家が危機のときには,その市民たちはあらゆる個人的な危険を忘れ,防禦に馳せ参ずる。彼らは国家のために喜んで死ぬが,それは国家が彼らの生命を保護してくれるからではなく……,国家が彼らの共同生活だからである。」(同, 128-129頁)

つまり,共同生活には単に手段的価値以上の道徳的価値があるということである。その道徳的価値にコミットすることによって,人は利己主義を超えた精神的連帯をもちうるのである。このような見解はルソーの思想に照らせばなるほどと納得できる。彼の思想を,文明批判と「祖国愛」に焦点をあてて,例えば,『政治経済論』の次のような文言,

「最もすぐれた徳は,祖国愛によって作り出された。この心地よい,しかも生き生きとした感情は,徳のあらゆる美しさに自愛心の力を付け加え,徳を損なうことなしに,徳をあらゆる情熱のうちで,最も英雄的なものたらしめる一つのエネルギーをそれに与える。」(ルソー,『政治経済論』岩波文庫, 1951年, 29頁)

といった祖国愛と徳の関係を念頭におけば,文明社会の堕落と人間の疎外に対して,新しい共同体,国家を設立し,そのことによって人間の疎外からの回復を図るというように捉えられるだろう。人が共同体を設立するのは,けっして何かを守ってほしいからではなく,そのことによって人は自己の本性からの疎外,そして他者からの疎

外から救済されるのである。

　この二つの見解のうち,ウォルツァー自身がどちらかの立場にたっているということではない。ウォルツァーが問題としているのは,「イエス」か「ノー」の答えを求めることではなく,現代社会において蔓延する「政治的エトランジェ」,つまり共同社会を担おうとしない人々がいかにして政治的主体となるのかという問題であるといってよい。

　個人と共同社会の密接な関係については,例えばデュルケーム (Emile Durkheim) の『自殺論』にみられるアノミーという概念にも現われているといえる。デュルケームは,『自殺論』において自殺を三つのタイプに分け,それぞれ「自己本位的自殺」「集団本位的自殺」「アノミー的自殺」と名づけている。そのなかで,「集団本位的自殺」と「アノミー的自殺」というのは,前者が集団との過剰な合一化による集団追随的自殺であり,後者は集合的な価値観や道徳観の崩壊による自殺を指しているので,違うといえば違うのであるが,重なる部分もあるかもしれない。いずれにせよ,この二つを集団のために自殺をするケースと集団を失ったために自殺をするケースとして考えれば,個人の生と集団とは切っても切れない関係にあることがわかる。デュルケームの例はなにも古い,外国の例というわけでもなく,川人博は『過労自殺』のなかで,日本の中高年の自殺をこのような観点から分析している。

　こうして,ウォルツァーにとって共同体の生活は,他者とのかかわりと人の生の意味とを保障する砦として考えられることになる。共同体の生活は,一定の地理的範囲をもち,そこに参加するには一定の成員資格が要求される。それは出入り自由のクラブではない。境界線は共同体の生命線である。例えば次のような文言からみてとれる。

「(福祉,教育などの配分的正義を含む)非常に多くの決定的に重要な争点が地理的単位内で最良の形で解決されるので,政治生活の核はそれ以外の場所では決して確立されえない」つまり,「国家の放棄は効果的な自己決定を放棄する」ことにもなるのだ。(ウォルツァー『正義の領分』而立書房,1999年,81頁)

「問題となっているのは,世界の中で行為し,主権を行使する,その共同体の形なのである。入国許可と排除は共同的自治の核である。それらは自己決定の最も深い意味を示している。それなしでは特性をもった共同体はありえない。すなわち,それなしでは相互の特別なかかわりと共同生活について或る特殊な意識とをもった,歴史的にも安定しかつ現在進行中の人々からなる結合体はありえないであろう。」(同,106頁)

ウォルツァーのこうした議論は共同体のもつ意味を深いところで教えてくれる。だが,ウォルツァー自身注意しているように,共同生活が単なるイデオロギーとして虚構のものであるかもしれない。この場合,私たちは幻想の共同体に身をささげることにもなる。単なるイデオロギーであるのかないのか。これをどう判定するかはすでにウォルツァーの議論が教えてくれている。ウォルツァーによると共同体の生活の「核」とは「自治」である。そうであるならその問いは「自治」という事柄の実質にかかわって判定されるべき事柄であろう。ウォルツァーの議論は主権国家という単位に重きをおいているようにもみえるが,それでも政治的単位の核心が何であるかを教えてくれる。

さて,私たちはロールズにおいて個人の自尊心と正義の制度との関連から,個人の生には制度とのつながりが不可欠であることをみて,さらにサンデルにおいてロールズの議論において手薄であった共同体の規模の問題と道徳の問題から意味の共有の次元をみてきた。そしてウォルツァーにおいて共同体が私たちの生活にとってもっている意味を,おそらくはその根底的なところでみてきた。このよう

な議論において特に強調したいのは，本章でいうところの「公共的人間」というあり方は，「自治」という行為においてはじめて実質的なものになるということである。ロールズの正義論が個人と制度とのつながりを指摘しながらも，その間の絆を説得的に展開しているとは言い難く感じたのは，意味の共有の問題以上に，おそらくこの「自治」という行為の契機を欠落させていたからであろう。そして自治という観点からみると，共同体のあり方も国民国家という規模よりももっと小さな規模の方がより適切ではないだろうか。これは同じく共同体主義に分類されるマッキンタイアー（Alasdair MacIntyre）もまた，実践と徳が統合されたアリストテレス（Aristoteles）的伝統，つまりポリス的伝統を引き継ぐものは，国民国家ではなく，小規模な地域共同体であるといっている点も想起されてよいであろう（もっとも彼は共同体主義者は国民国家を強調するから自分は賛同できないといっているのであるが）。ウォルツァーらの議論から見て取れるのは，自治という契機と意味の共有という契機とは無関係ではなく，さらにまた共同体の規模という問題と不可分のものであるということである。

ところで，「自治」という契機が「公共的人間」の本質であり，それはある一定規模の共同体と不可分であるとしても，すでに何度も指摘したように，今日ではこのような意味での「公共的人間」の成立と相反する人間のあり方も強い力をもっている。後者をさしあたり「私化」的人間と呼べば，この両者のせめぎ合いを私たちは近代の「幸福追求」というイデオロギーにみることができる。

## 3 「幸福の追求」と共同体

ハンナ・アレント（Hannah Arendt）はかつて『革命について』の

なかで「公的幸福」について述べたことがある。アメリカ革命を論じた箇所で，アメリカという新秩序を創設した人びと，つまり建国の父たちは「統治に参加すること」こそ人間の幸福であると考えていたというのである。通常，「幸福」という言葉を聞けば，大抵は，それは私的な事柄の領域に属することであると考えるであろうが，アレントはあえて「幸福」に「公的」をつけて，人間の幸福の公的次元を語ろうとしたのである。

今日の私たちは「幸福」というのを心的状態として理解することが多い。気の持ちようで人間は幸福にも不幸にもなるという考え方である。この場合，「幸福」というのは徹底的に個人の心の問題であるとされる。仮に「客観的な幸福」などといおうものなら，それこそ「幸福の専制」を招くとして糾弾されることになろう。しかし，それではアレントのいう「公的幸福」というのは一体何を意味するのであろうか。「統治に参加する幸福」というものを語ることで，何が開けてくるのであろうか。アレントの語ったことの意味を考えるために，少々彼女のこの言葉の背景を詮索してみよう。

アレントは「公的幸福」というのをジョン・アダムズ（John Adams）やジェファーソン（Thomas Jefferson）がそう語ったとして述べているのであるが，これはいささか剣が峰の上に乗ったような話である。ジョン・アダムズについてはまだはっきりと確認していないので確たることはいえないが，ジェファーソンについては，どうもアレントが述べているような意味では語っていないようである。それどころかジェファーソンは政治的生活から引退し，家族のなかで静かに暮らすことが自分の幸福であるといっている。つまりジェファーソンはアレントが期待したような「統治に参加する幸福」については語っていないのである。

もちろん，「公的幸福（public happiness）」という言葉を用いてい

ないわけではない。しかしそれは「多くの人びとの幸福」といった意味であるといってもよい。例えばこうである。1786年8月13日にパリからジョージ・ワイト氏にあてた手紙のなかで、ジェファーソンは啓蒙期のフランスの思想に啓発され、自由と幸福のためには、知識を普及し、迷信と無知を払拭することが重要であると述べたくだりで、

> 「自由と幸福の保証としてこれ以外の確実な基礎は考えられません。もし、王や貴族、僧侶が公的幸福（the public happiness）の良き守り手であると考える人がいたら、こちらに寄こして下さい。彼らの愚かさを治すにはここがもっともよい学校です。ここで彼らは自分の目で、人間に関するこのような描写（＝無知で偏見に満ちたという描写—引用者）は、多数の人民の幸福（the happiness of the mass of the people）に反する非道徳（abandoned）な謀略であることを見てとることでしょう。」（Political Writings, 251）

と書いているが、やはりこの「公的幸福」はあとの「多数の人民の幸福」と同義であるとみるほかなく、統治への参加などという意味はない。

それにもかかわらずアレントがジェファーソンに人間の幸福と統治への参加の結合という思想を託したのは、おそらくジェファーソンの「基本的共和国（elementary republic）」という考え方に共鳴したというか、これを強調したいと考えたからであろう。ジェファーソンのこの発想は、小さな共同体のなかでこそ、人間は政治的な活動に参加し、公共精神を陶治（とうや）することができるという考え方を基本にしている。この「基本的共和国」の実体として彼は「区（ウォード）」を重視した政治制度を発案している。アレントが強調したかったのはこの発想である。ジェファーソンが考えたのは、区からはじまって、郡、州、連邦というように共和国が連なっていく制度

である。ジェファーソンにとって「共和国」とは市民たちが平等の権利をもって政治に直接参加するような制度であって，その点で規模の制約を受ける。ジェファーソンは古典的な共和主義者のように，自治と公共精神に満ちた政治体を考えたのであろう。

　私たちからみて，またおそらくアレントからみても，ジェファーソンのこの発想は興味深い。個人生活のなかに人間の幸福はあるという考え方と公共精神の強調という考え方の併存——ここにはある種のせめぎあいともいうべき思想の角逐がみられるように思われるのである。つまり，幸福は私的な生活のなかにあるとする一方で，「自分の魂よりも自分の国を愛せ」という思想を根本にした基本的共和国という発想を強く訴える彼の思想には，個人生活中心の近代的発想と古代的共和主義的発想とのせめぎあいをみることができるのではないだろうか。

　幸福と公共性あるいは公共善とのつながりはアリストテレスにおいては自明であった。人間がポリス的動物である以上，人生の最高目的たる幸福はポリスとは切っても切れない関係にあった。しかし共同体の自明性を失った近代において，「幸福」はベンタム（Jeremy Bentham）のように個人の感情以上のものではなくなってくるか，あるいはカントのように，幸福であることを目的としてはならず，幸福に値する人間になれという厳格な道徳主義になるかであった。ただ，例外としてファーガスン（Adam Ferguson）のようなスコットランド啓蒙の人々が「幸福」と人間の社会的次元とを必死につなごうとしていたのである。

　スコットランド啓蒙について少し言及しておけば，共感や道徳感情などで知られるスコットランド啓蒙は，人間の道徳や紐帯を，理性ではなく感情のレベルに見出そうとした。仁愛（benevolence）などの概念もよく用いられる概念である。図式的にいえば，社会が商

業化することによって流動性が高まってきた時代にあって、個人活動の共同体的紐帯に対する優位が現われてくるのであるが、このなかで、個人を社会につなぐものはなにかという問いを問うたのがスコットランド啓蒙であったといえる。この問いに対してスコットランド啓蒙の人々が出した答えは「利他心」であった。これが共感や仁愛、道徳感情などの言葉で表現されたのである。「幸福」もまた利他心の範疇において捉えられた。ことにファーガスンは古典的な共和主義の色をもっとも強く残しながら、下記のように述べている。

「人間の幸福とは彼の社会的性質をその仕事の主要な原動力となすことであり、また彼自身を社会の一員として規定し、その人の心が全体的利益にむかって燃えるような熱意で光り輝き、心配や恐怖、嫉妬、ねたみなどのもとになる彼の個人的な関心を抑圧することにあると思われるのである。」(A. Ferguson *An Essay*, 56)
「人間はその本性において共同体の一員である。そしてその能力においてみたとき、個人はもはや自力ではありえない。彼の幸福や自由が社会の善と衝突したときには、彼は自分の幸福や自由を見捨てなければならない。」(Ibid. 59)

アレントもわずかにファーガスンに言及しているが、しかし近代社会の進展は、彼にみるような個人の幸福と社会の一致をそれこそ幸福な偶然にしてしまうのである。

個人の幸福は共同体の存在に依存しないという近代的発想は、例えばジェファーソンがロックの「生命、自由、財産」を「生命、自由、幸福の追求」と置き換えたときにはっきりと示されたといってもよい。各人は自らの幸福を追求する権利をもち、政府の役割はこの権利を行使するための条件を整えることになったのである。独立宣言に盛られたこの思想は、私たちの憲法にもみることができる。

かくして「幸福の追求」とは共同体を失った近代人のイデオロギーとして欲望の解放の原理となる。幸福は幸運と同義となり、世界の実体的基盤を失い、ひたすら個人の内面へと還元され、不安定な感情でしかなくなり、カント的な道徳性も失っていく。アレントの「公的幸福」という言葉はこのような状況に対する一つの抵抗であった。だが、アレントは『革命について』のなかでこの言葉に言及した以外は、「幸福」についてはほとんど語っていない。

しかし語っていないというのは考えていないということにはならないであろう。アレントが最後まで追究したテーマが「世界疎外」(共通世界の喪失)からの人間の回復であるという観点からみれば、近代的「幸福」のイデオロギーを超える「幸福」の可能性を探っていたとみてもそれほど的外れでもないだろう。それにしても、その可能性はどこにあるのであろうか。

## お わ り に

さて本章では、人間の公共的次元が今どのような状況にあるのかという問題をみてきた。ロールズの議論から共同体論までの議論を通じて人間の公共的次元のありよう、それがもつ意味について考察をめぐらせてみた。そこで得られたのは、「自治」という行為の契機がもつ意味である。おそらくこれが共通感覚の問題や共同体の規模の問題の核心にあるものではないだろうか。自治は自治を可能にする規模をもった共同体を要求するであろうし、また自治的行為に現われる他者との協動は「共通の意味」の陶冶に資するであろうからである。本章では、人間の公共的次元を軸にしてみながらこのようなことを明らかにしてきた。問題はこのような公共的次元がなぜ覆い隠されるのかということだが、本章ではそれを近代の「幸福追

求」というイデオロギーに原因を探ってみた。個々人の幸福が最大の目標であるならば，その他のものはすべてそのための手段となってしまうという図式である。これは，「私化」状況と呼ばれる事態であるといってもよい。自分だけの幸福に閉じこもる個人という像は，しばしば現代社会の病理を表現するものとして言及されている。

　ただ，最後に考えてみたいのは，このような幸福追求のイデオロギーが「私化」という状況をもたらした，あるいはそれと適合的であるとしても，「私化」という状況は今日大きな挑戦を受けているのではないかということである。現代社会における個々人は生産手段や交通手段の発達によって自分だけの幸福に浸っていられるようになり，もはや個人は社会的なかかわりなしでも生活でき，小さなミクロコスモスのなかの幸福をもつことができるようになったという「物語り」は本当だろうか。たしかに近代の「幸福」イデオロギーの浸透には，それなりの裏づけがあるのは否めない。「豊かな社会」というのはまずは個人の所得の向上，あるいは消費生活の向上として認識されるであろうからである。だがこのような「物語り」を今日語り続けるのは本当に可能だろうか。

　すでにガルブレイス（John Kenneth Galbraith）は『豊かな社会』のなかで，「豊かさ」の条件としての公共サービスの重要性を指摘していた。学校や住宅や道路，公園，遊び場などの公共施設・サービスが個々人の生活の「豊かさ」には重要な要素であると述べていた。もちろん，これ自体は，国家が「後見的」（トックヴィル）に提供することもできるかもしれない。だが，これらのサービスの充実は，個人からみれば（金銭面も含めた）それなりの負担を強いるものであり，もしかすると，個人の幸福のためにも私たちは個人の生活に閉じこもることはできない状況におかれているのかもしれないのだ。

例えば，安全な食品や安全な生活といった「安全」の確保をめぐる社会とのかかわり，不妊治療などの医療技術とのかかわり，老後の生活のための福祉制度とのかかわりなど，個人の生活を支える条件は，単なる手段であることを超えて，この条件の確保に私たちは多くの時間と労力を割く必要性に迫られている。すでに私たちはどこかで私たち個々人の存在は，それ自体が自治の次元，あるいは連帯の次元によって支えられていることに気づいているのではないだろうか。そしてさらに重要なことは，私たちの幸福がもはや所得や消費の充足だけでは得られなくなっていることが自明となりつつあることである。

私たちは，いま，人間間の具体的なかかわり，緊密なつながり，抽象的な人間の尊重ではなく，具体的な人間の尊重を求めている。今日の「親密圏」を巡る議論の活性化はこのことをよく示している。「親密圏」の議論にはここでは立ち入らないが，「規模」の問題を見逃すべきではないことを指摘して本章を閉じたい。

シューマッハー (Ernst Friedrich Schmacher) は『スモールイズビューティフル』のなかで，「民主主義，自由，人間の尊厳，生活水準，自己実現，完成といったことは，何を意味するだろうか。それはモノのことだろうか，人間のことだろうか。もちろん，人間にかかわることである。だが人間というものは，小さな，理解の届く集団の中でこそ人間でありうるのである」と書いている。シューマッハーは，生産の拡大が貧困を解消するという発想に疑問を付し，経済，政治，文化すべてにおいて小規模であることに意義を見出すべきであると説くのである。これは石油ショックのまだ覚めやらぬ70年代の発想として片付けてはならない。発想の転換は今こそ求められているのである。

もし今，「私化」という現象があるとすれば，それは社会の大規

模化とシステムとしての固定化によって私たちの「公共的次元」が覆い隠されているからではないだろうか。「自治」が可能な規模へと社会を転換すること、それが「今ここ」にいる個々人が他者とのかかわりを再構築する「公共世界」を発見する手がかりとなるのではないだろうか。しかしその発見も、規模の転換も、それはおそらく、私たちを支える連帯の次元すなわち「かかわり」の次元を顕にする自治的な「活動」（アレント）によってこそ展望が開けるといってもよいであろう。


【より理解を深めるために】

菊池理夫『現代のコミュニタリアニズムと「第三の道」』風行社, 2004年
　　コミュニタリアン―リベラル論争のなかで展開されたコミュニタリアニズムの様々な議論を丁寧にフォローし、その全体像が見渡せる好著。また日本の共同体主義もあわせて議論しており、日本の問題としてのコミュニタリアニズムを考えるうえでも有益である。

チャールズ・テイラー／田中智彦訳『〈ほんもの〉という倫理――近代とその不安』産業図書, 2004年
　　本文では取り上げられなかったが、チャールズ・テイラーも今日のコミュニタリアンを考えるうえでは欠かせない人物である。本書は「近代」がもたらす「不安」について語りながら、アトミズムや社会の「断片化」に抗する道をともに考えていこうとする。

齋藤純一『公共性』岩波書店, 2000年
　　アレント―ハーバーマス以降の公共性をめぐる議論を整理しながら著者独自の視点を展開。著者は、公共空間の役割を「存在の肯定」という視点から捉え、「親密圏」も公共空間の一部として取り込みながら、今日の政治のなかに位置づけようとしている。

第 3 章
# 現代市民社会論のアクチュアリティ

## はじめに

　『公共性の構造転換』新版序言において，ハーバーマス（Jürgen Habermas）が「市民社会（Zivilgesellschaft）の再発見」を宣言したのは1990年であった。ハーバーマスは，およそ30年の歳月が経てもなお旧版を出版した理由に，「われわれの目の前で繰り広げられた中欧と東欧での〈遅ればせの革命〉が，公共圏の構造転換にアクチュアリティをあたえた」（J. ハーバーマス『公共性の構造転換〔第2版〕』未来社，1994年，ⅰ頁）ことをあげた。そこからさらに15年の歳月が経過した現在，市民社会論のアクチュアリティはどこに求めることができるだろうか。

### ◉ 市民社会論のアクチュアリティ

　周知のように，日本においても，この間，「市民社会論のルネサンス」とも呼ばれるような状況が生まれている（千葉眞「市民社会論の現在（〈市民社会〉をめぐって）」『思想』924号，2001年）。1990年代半ば頃には研究者の世界だけでなく，一般のメディアにおいても市民社会という文字を数多く目にした。そのような状況をもたらした直接的かつ最大の要因は，阪神淡路大震災に駆けつけたその数130万人ともいわれているボランティアの存在であったことに異論はないであろう。その姿は，ボランティアは日本では育ちにくく，定着も

しにくいといわれていた「常識」を覆すのに十分であり，日本社会に新しい行動スタイルと文化が芽生えていることを実感させ，今後の新たな社会の可能性への期待を抱かせた。

　他方，当時の政治の世界には対照的な現実があった。1993年の総選挙によって細川非自民連立内閣が誕生し，40年近くに及ぶ自民党一党優位体制は幕を下ろし，日本政治にも新しい風が吹いたかにみえた。しかし細川内閣を継承した羽田内閣はわずか10ヵ月で終焉を迎え，その後に登場したのは，55年体制におけるライバル同士であった社会党（当時）と自民党との連立政権であった。たしかに，政党の目的は政権獲得なのだから，それはプロの政治の世界においては「合理的な」選択だといえたかもしれない。しかし多くの有権者にとっては55年体制がこのようなかたちで終焉を迎えるとは想像だにできなかったことである。皮肉にも，阪神淡路大震災はこの自社連立政権期に発生しており，そのなかで明らかになったのは，その政権のお粗末な危機管理能力であった。震災時，当時の首相が連立政権の議員たちとの朝食会を優先させていたことは，この政権が数合わせの論理を最優先して生まれたことを如実に物語っていた。

　このような自己閉塞してしまった政治に対して高まった失望は，政党支持や投票といった制度化された回路に向かうのではなく，新しい形の政治参加を目指した。自己決定を求める住民投票や，既成政党の相乗り候補に対して無党派知事を担ぎ出し当選させた動きである。

　このような市民社会的状況と政治の世界との乖離（かいり）は，広がりこそすれ縮まることはないように思われる。しかしそのことは，政治の世界において，従来であればきわめて論議をよび，それゆえ，実現には多くのリスクとコストを伴うような政策を容易に実現させてしまう要因となっている。とりわけ，セキュリティ（治安や安全保障

等）にかかわる分野でそれは顕著であり，住基ネットや通信傍受法，周辺事態法や武力攻撃事態対処法，イラク復興支援特別措置法などが，この間に次々と議会を通過した。国家権力強化の動きに対して歯止めとなるべき市民社会の論理が，市民社会と政治の世界との乖離によって，歯止めとしての力を失っているかのようである。

したがって政治に対する既成の回路とは異なる新たな回路を構築し，政治の世界自体を刷新することが迫られているという点からすれば，市民社会の活性化は今後ますます求められることになろう。ここに，市民社会論のアクチュアリティ——危機感という意味での——を認めることができる。

しかし他方で，「治安の悪化」を理由に，セキュリティの強化を一層求める声が市民社会それ自体の内部から湧き起こっている。子どもを狙った犯罪や動機不明な少年犯罪が起こるたびに，人々の間に言い知れぬ不安が広がり，メディアは防止策を講じる必要性を声高に叫ぶ。同じ犯罪を二度と繰り返してはならないという被害者の声は絶対的な正義である。それを受け，政府や自治体，地域の人たちが立ち上がる。実際，この数年の間に，少年法や道路交通法の厳罰化を我々は眼にしたし，気づかぬうちに監視カメラは増設され，地域には防犯運動が生まれている（浜井浩一・芹沢一也『犯罪不安社会』光文社新書，2006年）。

だが客観的データは「安全神話の崩壊」を示してはいない（久保大『治安はほんとうに悪化しているのか』公人社，2006年）。データの裏づけがないにもかかわらず不安だけがひとり歩きしているのが現代の日本社会なのである。それゆえ治安は「体感治安」なのであり，体感である以上，凶悪犯罪が増加していなくとも治安の「悪化」を語ることは可能なのである。治安が人々の心にある限り，どれだけセキュリティを強化しても「体感治安」を完全に解消することは難

しい。例えば，これまで監視カメラは，個人の自由やプライバシーの侵害という点で個人の自立に立脚した市民社会の論理とはまったく相容れないものだった。しかし現在，監視カメラは防犯カメラなのであり，「人々を監視する」のではなく「人々を見守る」カメラとして人々に認識されているのである（阿部潔・成美弘至『空間管理社会』新曜社，2006年）。権力のまなざしが「監視」から「見守り」へと転換している。「体感不安」を利用するならば，セキュリティに関連する法や制度を強化することは容易い。

　このように，市民社会と国家との間の共鳴・共振関係というかたちで，セキュリティをめぐる政治状況が生まれているのである。ならば，現代市民社会を論ずるためには，国家権力の歯止めとしての市民社会という観点からだけでなく，この，市民社会と国家との間の共鳴・共振関係についても考察をすすめていく必要がある。そのことによって初めて，市民社会概念を現代においてリメイクすることの意義や有用性を問うことが可能になるであろう。

### ⊙ 現代市民社会論のイメージ

　現代市民社会をめぐる議論状況については，とりわけ山口定の『市民社会論──歴史的遺産と新展開』（有斐閣，2004年）によってかなりの領域がカバーされており，管見の入る余地はない。しかし出発点として，肯定するにせよ批判するにせよ，本章が前提としている現代市民社会のイメージを提示しておくことは必要であろう。現代市民社会概念においては，多種多様な自発的結社（voluntary associations）が集い，関係を切り結ぶなかで多元的・多層的な公的空間が創出される場として市民社会をとらえることには共通理解があると思われる。しかし，その市民社会の周辺的境界領域に何が含まれ，何が含まれないかについては論者によって異なる。そこで本

章では、アソシエーションに基軸をおいたフランク・シュワルツ (Frank Schwartz) の以下のような市民社会概念に依拠しながら議論を進めていきたい。

「家族と国家との間の中間的領域であり、そこにおいては、社会的アクターは市場の内部で利益を追求するものでも、国家の内部で権力を追求するものでもない。この領域はアソシエーション——市場の外で活動する場合（例えば、公共政策を追求・実行するような）には経営者団体、労働組合、消費者協同組合をも含む——によって占められ、また政治的権威の行使を含む共同の事柄について、私人間で論争を活発化する『公共圏』の諸制度によっても占められている。」(Frank Schwartz, *Civil Society in Japan Reconsidered*, Japanese Journal of Political Science 3, 2002, p. 196.)

## 1 現代市民社会論とシチズンシップ
### ——包摂と排除の問題

市民社会論において最も論争的なのは、「市民」に関わるものであろう。「市民である」というのは何を意味するのか。「市民であること」＝シチズンシップはその意味で市民社会論の中枢に位置する概念である。

シチズンシップ論には周知のマーシャル (Thomas H. Marshall) の議論がある。マーシャルによれば、シチズンシップには三つの要素、すなわち、第一に、人身の自由、言論・思想・信条の自由、財産所有および契約締結の権利、裁判へ訴える権利といった自由権の内容の市民的要素、第二に、政治権力の行使に参加する権利としての政治的要素、さらに第三の要素として、経済的福祉と安全の最小限を請求する権利に始まり、社会的財産を完全に分かち合う権利や、社会の標準的な水準に照らして文明市民としての生活を送る権利にわ

たる広範囲の諸権利を含む社会的要素，がある（以下の叙述は，T. H. Marshall and Tom Bottomore, *Citizenship and Social Class*, Pluto Press, 1992, pp. 8-17（岩崎信彦・中村健吾訳『シチズンシップと社会的階級』法律文化社，1993年，15-35頁）による）。

　マーシャルは，これら三つの要素が，融合─独立発展─再結合という歴史的過程をたどったとみている。まず，三つの要素は18世紀以前には融合していたが，市民的要素と政治的要素とが二つの制度（裁判所，議会）に結実し，相互に独立して発展する一方，社会的要素は，19世紀には一旦シチズンシップから排除された。彼は，18世紀や19世紀の救貧法や工場法についてはシチズンシップのなかに含まれないと考えているが，それは，保護の対象者となりえたのが，市民としての権利に基づくものではなく，逆に市民であることをやめたことに基づくからである。しかし社会的権利も，20世紀に至ると再び市民的・政治的要素と結合し，福祉国家の段階へと至る。

　このようなシチズンシップの発展は，シチズンシップの適用対象範囲の拡大過程であるとともに，シチズンシップの内容が深化していく過程でもあった（伊藤周平『福祉国家と市民権』法政大学出版局，1996年，138頁）。マーシャルは，シチズンシップの発展が資本主義の発展に伴う経済的・社会的不平等の緩和に貢献し，そのことを通じて社会的安定，社会統合において大きな役割を果たすものと考えた。たしかに，労働者に対して政治的権利を与え，金銭給付によって経済的困窮からの救済を図ることは，不平等をより受容可能なものとし，それによって労働者階級を体制内化し，福祉国家体制への支持をつなぎとめることに一定程度成功したといえるだろう。

### ◉ 社会的連帯の動揺

　しかし今日こうした福祉国家のもとでの社会的連帯は動揺してい

る。齋藤純一は，社会的連帯を，人称的な関係性によって自発的に互いの生を支え合う人称的な連帯と，見知らぬ人々の間に成立する強制的な連帯である非人称の連帯とに分けて考察している。福祉国家体制は後者すなわち非人称の連帯を拡大することによってその安定化を果たしたといえるのだが，齋藤は，この福祉国家を支えた非人称の連帯の動揺が今日の福祉国家の揺らぎをもたらしていると考える。それは，非人称の連帯の「人称化」と「国民社会の脱－統合化」という二つの要因から説明される。前者については，特定のカテゴリーに属する人々が連帯の一方的な受益者と名指しされ，その結果，非人称であるべき連帯が非人称性を失い，そのカテゴリーに属さない人々の間に特定の人々のために自分が犠牲になっているという感情が醸成されるようになっていることを意味する。

　後者は，グローバル化に伴い，社会的連帯の範囲が制度上国民の範囲をすでに越えているという事実に由来する。非人称の連帯は，ネットワークとしての人称的な連帯とは異なり，一定の境界（とりわけ国民国家の境界）をもたざるをえず，その結果，国籍をもたない人々などは「場所をもたない人々」や「移動する人々」としてその連帯から排除されることになる（齋藤純一編『福祉国家／社会的連帯の理由』ミネルヴァ書房，2004年，第9章）。

　先にマーシャルが述べたように，福祉国家におけるシチズンシップの中心は社会的権利の制度化・拡充にあったといえるわけであるが，それは所得の再分配などの「資源の強制的移転」を伴う非人称の連帯を拡大させていくことであった。今日の大規模社会においてこうした非人称の連帯に基づくことなく社会的統合を実現することは困難である。その限りでは，社会的権利の拡充が社会的不平等をより受容可能なものとし，社会的安定を実現できるとしたマーシャルの期待もゆえなきことではない。しかしそうした社会的権利の拡

大が同時に非人称の連帯の非人称性を失わせしめる機能を果たすとき，社会的安定性は動揺し始める。とりわけ，経済成長によってパイの拡大が望めなくなり，「資源の強制移転」が負担感を増長させると，その移転先となる社会集団の存在が可視的なものとなり，そこに非難の目が向けられ，社会的連帯に亀裂が生まれやすくなるのである。

## ◉ 権利中心のシチズンシップの問題

　伊藤周平は別の視点から，シチズンシップが社会的統合に逆機能をもたらす要因について説明する。伊藤によれば，近代的権利とは，権利主体の利益や価値を優先的に保護し，権利主体の自由と自発性を発揮することを保障するものであり，それは，権利主体にはもっぱら自らの選好や利益に関心を向けることをもたらす結果となる（権利の無責任的特徴）。また権利は，それを有するということだけで一方的に相手方に義務を求めることを可能にするという性質も有する（権利の非相互的な特徴）。こうした権利の無責任的特徴，非相互的な特徴は，権利としてのシチズンシップによる社会統合の基盤を危うくする要素をはらんでいる（伊藤・前掲書，109-110頁）。

　例えばそれは社会的権利の場合に顕著である。社会的権利においては，その保障がサービス給付の受給資格の取得として実現される事例が多く，保障の充実は国家の財政的・人的資源に依存することが避けられない。そうなると，社会的権利の保障を求めることは，政治に対する財政的・人的資源の拡大要求となり，その結果，当然保障されるべき権利の要求というよりも，圧力集団的な既得権の擁護の主張とみなされるような危険性がある。

　シチズンシップがある社会のメンバーとしての地位や資格を意味するものであるならば，その地位や資格には一定の義務的行為も伴

うものであろう。千葉眞がいうように，能動的な政治参加と自治の営みを行うという共和主義的なシチズンシップも存在するはずなのである（千葉眞『ラディカル・デモクラシーの地平』新評論，1995年，126-127頁）。しかし今日のシチズンシップが多くの場合市民権と訳されるように，権利という側面へと偏向していることは否定できない事実であろう。権利への偏向によって，権利のもつ非相互性，無責任性といった特徴が相乗効果を生み，そのことによって社会に亀裂や分断をもちこむ危険性は大いにある。

◉ シチズンシップと差異

シチズンシップの議論に対しては，統合的側面だけではなく，排除の機能を有することについても批判が存在する。

マーシャルのいうように，シチズンシップは社会的不平等を解消すること，すなわち，多様な社会の構成員を，市民という共通の法的・制度的地位へと包摂し，その地位を有する者を同等に扱うことを目指してきた。性別，言語，宗教，伝統的慣習，所有財産の有無にかかわらずシチズンシップは平等に保障されなければならない。

しかし他方，例えば政治権力の行使に関与する権利が制度的に保障されたとしても，政治の場で使用される言語を理解できない人たちにとって政治権力行使への関与はいかなる意味をもちうるのだろうか，あるいは，定時に始まり定時に終わることのない育児や介護の仕事を引き受ける人たちにとって，そもそも，政治権力の行使に関わる時間や知識・情報はいかに獲得できるのだろうか。たとえ，政治権力の行使に関与する平等な権利が制度上保障されえたとしても，実態上不平等は温存されてしまうのではないか。

このような議論に対しては，まさにそうであるがゆえに，権利の漸次的拡大・制度的保障の充実が必要になるのだという反論が成り

立ちえよう。実態上の不平等については政策的にそれを解消することを目指すべきで、シチズンシップの構想自体に問題があるのではないという内容である。ここには権利の漸次的拡大・保障の充実がよりよき平等化の推進につながることへの確信が読み取れる。したがって、仮に「等しくあるために異なる処遇をする」ことがありえても、暫定的・緊急避難的なものであり、あくまでも「違いを超えて同等な処遇をする」ことのために許容される例外的な事例である。

しかし「市民として同じであること」を求め、制度化することは、その背後で、「市民ではない」という存在を作り出す。「市民として同じであること」を求めることは、市民と非市民との間の境界線、そしてその境界線近辺に広がるグレーゾーン（一級市民、二級市民、三級市民……）を創出することを意味する。

シチズンシップの拡大は、等しく処遇されるという意味での平等を目指している。しかし等しく処遇されるためには、他者との差異ではなく「同じである」ことが必要である。日本において選挙権を有するためには、20歳以上で日本国籍を有するという「同じさ」が必要である。「同じであること」を獲得するために個人が有する何らかの属性やアイデンティティを捨て去ることを余儀なくされる人びとと、そのような必要はまったくない人びととが、等しい処遇を受けているといえるだろうか。市民としての処遇を求め「同化」するのか、「同化」を拒み市民としての処遇を喪失するのか。シチズンシップは、そうした二者択一を迫るものと受け取られることになる。

ヤング（Iris M. Young）はこの点について、「抑圧」の概念の意味の拡大を図ることにより、シチズンシップがアイデンティティや差異の承認に失敗する事態を表現しようとしている。ヤングによれば「抑圧」とは、次のうち一つかそれ以上のものが生じている場合である。①「搾取」（集団の構成員が生み出した利得が他人へいく一方、他

の人の利得はその集団の構成員の利得とはならない場合），②「周縁化」（集団の構成員が主要な社会的活動から排除されている場合），③「無力化」（集団の構成員が他の人々の権威のもとで生活を営み，その権威を超えるような自立性や権威をほとんど有していない場合），④「文化帝国主義」（集団がステレオタイプ化されており構成員の経験や状況が一般的に表面にあらわれてこない場合），⑤「暴力」（集団の構成員が集団に対する憎悪や恐怖に由来する暴力や嫌がらせを受ける場合）（アイリス・M. ヤング「政治体と集団の差異」『思想』867号，1996年）。

　現在，多文化主義やフェミニズムが問題にするのは，このような点である。既存の法制度や社会制度といったものは，何らかのかたちで，多数派の言語や文化を基に成立しているのであり，多数派とは異なる少数派は常に存在する，したがってそれらの差異に中立の立場をとったうえで等しい処遇を進めていけば，少数派は，周縁化や無力化，さらには排除や暴力を被ることにもなりかねない。さらに差異がアイデンティティの構成につながるものである場合，シチズンシップによる同化は，アイデンティティの承認を歪めてしまう。そうならないためには，少数派の尊重・擁護，集団的権利の保障等の措置が必要になる。しかしこのことは，差異を根拠に異なる処遇を求めることになり，シチズンシップとは根本的に対立してしまうのである。＊

> ＊ クォータ制などの積極的是正措置（Affirmative Actions）は，多文化主義やフェミニズムにとって両義的である。積極的是正措置は，差異があるがゆえに異なる処遇を求める点では，多文化主義やフェミニズムと親和的であるが，同等な処遇が可能な段階に達した場合措置の解除に至るという暫定性をもつという点では相容れない。

## ◉ シチズンシップと市民社会

　シチズンシップは，統合という観点からも排除という観点からも

問題性を指摘されている。したがってシチズンシップの理論に基づく市民社会論もまた問題をはらむことになろう。しかしながら現代市民社会論は、この点を一定クリアしているともいえる。なぜなら、冒頭で述べたとおり、今日の市民社会論は、国家と個人の中間領域にあるアソシエーションを中心的なアクターと考えており、市民社会を構成する個人のメンバーシップのあり方を議論するよりも、アソシエーションを通じての市民社会への関わり・参加に関心を向けているからである。

シチズンシップへ投げかけられている批判は、市民権という権利へ偏向している点にしても、差異を考慮せず「同化」を強制する点にしても、シチズンシップ、すなわち「個人が市民となる」資格条件やプロセスなど、個人を具体的実在としてではなく、形式的・抽象的存在と捉えていることに対して批判していると解釈することができる。

他方、現代市民社会論においては、個人は、アソシエーションで活動する具体的な与件として捉えられており、市民としての資質や資格要件などを問題にはしない。したがって、シチズンシップへの批判はそのまま現代市民社会論にも直ちに適用可能ではないだろう。それはシチズンシップを個人の権利や資格とみなすようなある種の市民社会論には一定妥当する批判であるかもしれない。では、アソシエーションを中心的担い手とする市民社会とはどのようなものであろうか。

## 2 アソシエーション・コミュニティ・市民社会

### ⦿ リベラル・コミュニタリアン論争とアソシエーション的市民社会

アソシエーション、とりわけ、自発的結社（voluntary associations）

を重視する点が現代市民社会論の特徴である。これに対し，例えば，日本における1950年代後半に始まる大衆社会論争を契機とした市民社会論において焦点となったのは，「市民的な人間型」すなわち，市民社会におけるアクターが必要とされる「市民性」というエトスとは何かという課題であった（松下圭一「〈市民〉的人間型の現代的可能性」『戦後政治の歴史と思想』ちくま学芸文庫所収, 1994年）。「市民性」は，前近代的なムラ状況に対しても，また都市型社会におけるマス状況に対しても，さらには，運動主体としての労働者に対しても，一つの規範的な人間類型として対比されて用いられていた。たしかに松下圭一は，「いわゆる大衆社会状況における『抵抗』という自由の戦略的保障を追求した」という点でアソシエーションを基盤にしたラスキの多元政治理論を評価しているが，研究上の評価にとどまり，その視点をいかに現実政治において実現するかについての考察に及んではいない。

　現代市民社会論は，「市民性」の成熟の条件の模索といった個人のエトス論から，自発的結社を重視した中間集団論，ネットワーク論へシフトしている。このような現代市民社会論における視点・重点移動をどのように評価すべきだろうか。この点については，リベラル・コミュニタリアン論争以降の議論状況が一つの補助線となりうるだろう。そこでは周知のように，個人とコミュニティをめぐる議論が一つの焦点となっていたからである。

　リベラル・コミュニタリアン論争については数多くの論評がなされているが，現在のところ，この論争については対立よりも収斂の方向性が確認されていると考えてよいだろう。井上達夫の整理を借りるならば，リベラリズムとコミュニタリアニズムとの間での対立となったのは，①「負荷なき自我」か「位置づけられた自我」か，②反卓越主義か卓越主義か，③「権利の政治」か「共通善の政治」

か，という点であったが，ここでは①の論点を中心にその収斂方向を確認しておきたい。

そもそも，リベラリズムは，個人がもつ多様な生のあり方を前提かつ尊重し，「相競合する善の諸構想を追求する人々がいずれも自己の構想を追求する自由を不当に抑圧されることなく社会的に結合することを可能にするような条件としての正義の存在を信じ，それを模索すること」を課題とする（井上達夫『共生の作法』創文社，1986年，214-215頁）。したがって，個人の善き生の自由な追求を保障するという点に着目すれば，国家からの自由を求める古典的な自由主義も，福祉国家的諸施策を要請する現代的自由主義も，リベラリズムとして統一的に理解することが可能である。

リベラリズムにおいては，国家は何らかの善き生のあり方についてはそれを肯定することも否定することもできない。なぜなら，ある善き生のあり方についての価値判断は，それを支持しない個人に対して「自己の構想を追求する自由を不当に抑圧する」ことになりうるからである。ここから国家は個々の善のあり方に対しては中立性ないし非介入の立場が要請され（反卓越主義），個々人の善の追求を権利というかたちで保障する「権利の政治」に自己限定することになる。

これに対してコミュニタリアニズムは，リベラリズムが人間の自我を原子論的に理解しているのではないかと問題にする。リベラリズムは，個人は自己の目的や善き生を追求する際には，選択主体としてその目的に先んじて存在しており，その自我がいかにして形成されたのかを問わない。コミュニタリアニズムは，リベラリズムが，自我はそれが帰属するコミュニティのなかで形成されるという視点を欠落させた結果，「負荷なき自我 (the unencumbered self)」，すなわち自我は何も背負うものがない原子のようなものになっていると

批判するのである。

　当初，このように現れたリベラルとコミュニタリアンとの対立は，その後，一定の収斂をみせるようになる。すなわち，リベラリズムの側では，自我の社会的形成についてそれを受け入れ，自我の形成過程におけるコミュニティの重要性を肯定するようになる。そこには，例えば自我は完全無欠のものではなく可謬的なものであるがゆえに，そうした自我が自らの可謬性を自覚し，より高いステージに到達するためには，他者との間での学習行為が必要になる。そこからコミュニティの必要性を説くような立場もある（施光恒『リベラリズムの再生』慶應義塾大学出版会，2003年）。しかしあくまでコミュニティの歴史や伝統に内在する共通善の解釈主体は個人の側に存すると考える点で，コミュニタリアン的ではあるがリベラルである。

　他方，コミュニタリアニズムの側においても，自我がコミュニティの歴史や伝統のなかで共有されてきた価値に完全に囚われていると主張しているわけではない，自我のアイデンティティの形成にとって中核的な帰属性はあるもののしかしそれが自我のすべてを決するものではないと考えるようになってきた。しかしコミュニティには，個人が関与できない，個人の選択に還元できない価値が存在すると主張する点では，リベラル的ではあるがコミュニタリアンである。

　このように結局自我とコミュニティの規定性については，二者択一ではなく相互の規定性をどのように評価し，どこに帰着するのかという論点へと収斂するようになったのである。したがって，現代市民社会論における自発的結社への重点移動を，個人とコミュニティとの関係についてのリベラル・コミュニタリアン論争以後の地平から考察したとき，以下のような内容の解釈が可能となろう。つまり，市民とは孤立した原子のような存在ではなく，多元的なコ

ミュニティによって社会的に形成されるコミュニティ内在的存在であると考えなければならず、したがって「市民性」の成熟というテーマも、エトスのような個人の自発性・内発性の観点からだけではなく、同時に、そうした「市民性」がどのようなコミュニティのなかで育まれうるのかというコミュニティのあり方を問う視点を欠くことはできないということである。

しかし同時に現代市民社会論がコミュニティではなくアソシエーションに強い期待を寄せているということは、個人の自発的選択をより重視するというスタンス、非コミュニタリアン的、あるいはコミュニタリアン的リベラルな立場への親近性が読み取れる。この点に考察を移すことにしよう。

◉ コミュニティとアソシエーション

アソシエーションとコミュニティの区別については、アソシエーションは個人が自由に出入り可能な開かれた組織であり、他方、コミュニティは、個人の意思とは無関係に、あるいはそれを超越して存在する伝統的でかつ閉鎖的なものであるといういい方がなされる。しかしコミュニタリアンとリベラルの批判的相互交流のなかで獲得された視座は、そうした選択する自己という存在それ自体がすでにコミュニティ内在的なものであって、コミュニティのなかで、それを通じて形成されたものであるという視点である。さらに、コミュニティは個人に対して常に存在制約的で個人によっては乗り越え不可能なものなのではなく、コミュニティは個人によって対象化され、多様に解釈されることを許容するものであり、個人の行為によって変更可能なものである。

こうした観点にたつならば、アソシエーションとコミュニティとは決して排他的に区別されるものではないということになる。ミ

ラー (David Miller) は,リベラルとコミュニタリアンの収斂点として,コミュニティが可能な限りアソシエーションの性格をもつべきだと考えられている点を挙げている (David Miller, *Communitarianism : left, right and centre*, Dan Avnon and Avner de-Shalit (eds), Liberalism and Its Practice, Routledge, 1999. p. 175)。実際,日本において認証されているNPO団体数上位5つは,医療・福祉,社会教育,まちづくり,学術・文化・スポーツの振興,環境保全といった分野である(内閣サイト「特定非営利活動法人の活動分野について」2004年3月31日現在 http://www.npo-homepage.go.jp/data/bunnya.html)。このような分野における活動は,佐藤慶幸の図式を借りれば,自己利益の達成のための道具主義的な行為というよりも,「他者志向」的ないし「自己志向」的な「表出的行為」であるといえよう(佐藤慶幸『NPOと市民社会』有斐閣,2002年,158頁)。誤解を恐れずに言い換えるとするなら,そうした行為は,助け合い精神が発揮される行為であったり,帰属する地域社会の運営への関わりを通じて自己を見つめ直す契機にしようとする行為であったりするといえるのではなかろうか。つまり,郷土愛や,仲間や同胞であるといった感情が行為のきっかけとなったり,主要な動機づけになっていると考えられるのである。ならば,NPOやボランティアなどの活動もまた,参加する個人の意志や行為の従属変数とするような観点からだけではなく,コミュニティのあり方を独立変数とするような観点からの分析もまた必要であるといえよう。

コミュニティへの帰属意識が,アソシエイティブな行為をもたらし,アソシエイティブな行為によってコミュニティへの帰属意識がより強化される。そうした循環が存在しうる。たしかに今日ではグローバル化によって,「国境を越える市民社会」といったフレーズも徐々にリアリティをもち始めている。NGOなどの国境を越える

活動へと向かうこともあるだろう。しかしその場合であっても，国境を越えるということは，コミュニティからの離脱を意味するわけではなく，グローバル社会という名のコミュニティ意識が芽生えたことによって可能になったという側面をおさえておくべきではなかろうか。

さてここまでリベラリズムとコミュニタリアニズムとの相互収斂という観点から市民社会の問題をみてきた。ここで確認されたことは，現代市民社会論で重視されている自発的結社については，決して「負荷なき自我」と批判されたような原子的な個人が自らの自由な判断と選択によって形成・加入・退出したりするという道具主義的な観点からだけでなく，コミュニティに何らかの基礎をおく，コミュニティ関連的な行為に基づくという帰属主義的観点も必要ではないかということであった。このような論点こそコミュニタリアンによるリベラリズムの批判を経由したことによって開かれた現代市民社会論の地平である。

しかしここで一つ疑問となるのは，コミュニティとアソシエーションとが排他的に対立するものではなく，時にはコミュニティに基礎をおくアソシエーションを構想する必要があるといったとき，果たして「市民」は，コミュニティの存在と矛盾なく両立するターミノロジーといえるのだろうかという点である。「市民」なる語の歴史，特に日本の社会科学におけるその用法を振り返ってみると，市民というのは，階級や伝統的共同体から解放された存在，何らかの帰属性から自由な存在として解釈されてきたのではなかろうか。論理的な飛躍を恐れずにいえば，そうした帰属性をもたないことに由来する自発性・自立性こそが，市民をして規範的概念として存立せしめたのではないか。

もちろんコミュニティに基盤をもつ市民という言い方が成り立た

ないわけではない。しかし共同体という言葉は，伝統的な村落共同体のように，前近代的な印象を与えることは否めない。あるいは共同体が世間という意識を支えるものであり，市民社会の対極にあるという理解はなお根強くある。ここまであえて共同体ではなくコミュニティという言葉を使ってきたのはそのためでもある。

例えば，パットナム（Robert D. Putnam）は「ソーシャル・キャピタル」の議論において，イタリア社会において州政府ごとの統治パフォーマンスになぜ違いが生まれるのかを，中世以来長い間形成された社会的・文化的文脈の違いから説明している。このような観点に立つならば，コミュニティは市民社会やデモクラシーにとって否定的なものではなく，逆にそれらのあり方を規定し，支えるものであるということになる（ロバート・D・パットナム『哲学する民主主義』NTT出版，2001年）。

## 3 権力と現代市民社会

### ◉ 権力と公共性

山口定は，公共空間もしくは公共性について，次のように述べる。

> 「私は，『一般性』と『（建前としての）公平性』+『権力性』を『公』として，これから『権力性』を除き，『市民性』，『公開性』，『共同性』，『多様性』，と『討議』を加えて成立し，『私』と『公』の媒介を機能的特性とする重層的空間を『公共空間』もしくは『公平性』の空間とすることを提唱したいのである。」（山口・前掲書，269頁）

これに対し，齋藤純一は，ハーバーマスの『公共性の構造転換』で描かれた市民社会および市民的公共性について次のように述べる。

「……このように描かれる市民社会はあまりにも均質である。政治的抗争はもっぱら市民社会と国家との間にあり，市民社会の内部には存在しない。『市民的公共性』概念の最大の難点と思われるのは，それが公共的空間から権力の非対称性と価値対立の契機を取り除いてしまっているということである。」(齋藤純一『公共性』岩波書店, 2000年, 30-31頁)

この両者の違いは公共空間における権力のあり方の違いにある。山口は，公共空間から「権力性」を除外しているのに対し，齋藤は市民社会内部での権力の非対称的存在，価値対立の存在を認識している。ただ齋藤が指摘しているのは，『公共性の構造転換』で示された17〜18世紀における「ブルジョア階級」としての市民による，コーヒーハウスやクラブ，サロンといった場所での談論から生まれた公共性についてであって，そこにかんする限りではブルジョア的同質性が約束されており，山口もまたそのような同質的な市民による公共性を念頭においているとするなら問題はない。

しかし山口は，「市民社会内部において活動するアソシエーションの政治的・文化的・宗教的・民族的多様性あるいは『複数性』を承認し，アソシエーション間での自由競争を承認し，推進する。」(山口・前掲書, 162頁) と述べており，市民社会内部における多様性については認識している。ではそのような多様で複数性の存在する市民社会において，公共性が成立する条件とはいかなるものであろうか。

山口は，同じく『市民社会論』における「デモクラシーのバージョンアップのために」の章において，「熟議（審議）デモクラシー」の可能性について，民主的意思決定とは「人々の意思の，自由な熟議の所産としての変容 (transformation as an outcome of free deliberation) によって行われるべきもの」であり，人々の意見は変わりうるものだとしても，合理的な妥当性要求に基づく熟議の結果

であるがゆえに，それは「強制なきコミュニケーション」なのだという（同書，233頁）。ここでは，山口が「熟議」に基づくコミュニケーション過程においては，強制力によるものではない合意の成立可能性をみていることがわかる。山口においては，権力性とは「公」の構成要素であり，その意味では国家権力としての権力なのであり，公共空間においては，そのような権力が立ち入る余地も必然性もない。

このような山口の権力観は，ハーバーマスがコミュニケーション権力とよぶアレントの権力観に親近性をもつ。アレントによれば，権力（power）を物理的な力という位相から捉えるならば，それは人間が人間を支配する方法を示すものとなり，その意味では「力」（strength），「強制力」（force），「権威」（authority），「暴力」（violence）などと区別がつかなくなってしまう。さらに政治が権力という強制的な力が行使される世界だとするならば，政治問題は常に「誰が誰を支配するのか」という問題に還元されてしまう。こうして共和主義的な政治観に立つアレントは権力を「他者と結びつき彼らと協調して行動する人間の能力」に由来していると考え，強制力としての権力は人の支配をもたらすということで暴力に等しく，自由を否定するものである以上，政治の世界からは排除されるべきものと考えるに至ったのである。

山口においても，公共性から公権力を意味する権力性は排除されており，その意味ではアレントのような権力の合意モデルにたつという解釈が可能である。しかし，齋藤は，市民社会において生まれる公共空間は一つではなく，多元的・複数的なのであり「それらは自発的に形成される場合ですら，階級，ジェンダー，年齢，エスニシティあるいは『文化資本』などの軸に沿って権力上非対称的な位置関係を占めるはず」（齋藤純一「ハーバーマス」藤原保信・飯島昇蔵編

『西洋政治思想史Ⅱ』新評論，1995年，212頁）と指摘する。またいわゆる新しい社会運動は，国家政治や政策問題ではなく，市民社会のなかにある権力の様々な非対称的な関係（正常と異常の区別，ジェンダー，道具主義的な自然観等々）を告発してきた。新しい社会運動が今日の市民社会論にとって重要な貢献をなしてきたことを考えるならば，市民社会から立ち上がる多様な公共空間の間にも，またそれを立ち上げるコミュニケーション行為の局面においても，やはり何らかの権力的な契機が織り込まれていると考えることを避けて通るべきではないのではないだろうか。

## ◉ 差異化や多様化における排除の機制

では現代の市民社会における多様な公共空間における権力的な契機とはどのようなものだろうか。齋藤は「社会的なもの」の今日的な変容のなかに新たな排除の機制が生まれてきていることに注意を促す。先にシチズンシップ論に関する議論を考察するなかで，シチズンシップ概念が同化を予定し，そのことによって（意図せず）果たす排除の機能について言及したが，齋藤はその点については以下のような見解を示す。

「おそらく一九七〇年代以前と一九八〇年代以降とを分ける一つの規準は，同化，画一化，平準化，同調圧力といった社会のコンフォーミズムの機制に照準する批判の有効性が相対的に失われ，差異化や多様化という逆の動きのなかに分断化や排除の機制がどのように組み込まれているかをとらえる視点が不可欠になったということである。」（齋藤純一「社会の分断とセキュリティの再編」『思想』No. 925, 2001年, 31頁）

齋藤は，このように今日必要とされているのは，差異化や多様化が分断化や排除をもたらすものだとする視点であるという。しかし

なぜ差異化や多様化が分断化や排除を生み出すのか。それは，1980年代以降，ポスト福祉国家の有力な潮流となってきたネオリベラリズムの秩序原理にある。福祉国家が体現してきた集合的なセキュリティが，自由を縮減するものであるとか依存心を増大させるものだと批判され，代わって，自発的に選択し，選択結果に対する責任を引き受ける「能動的な自己統治」が現われた。そこでは，「変化を恐れずむしろそれを先取りし，新規に事柄を開始する」ような広義の「起業精神」が称揚される。セキュリティは集団的には保障されず，リスクは個人が引き受ける。リスクを恐れずそれを引き受けるということ自体，起業精神の現われでもあるからだ。「自己という『人的資本(ヒューマンキャピタル)』を自らの手で弛みなく開発していく，そうした継続的な意欲の担い手でなければならない。」（同，34頁）

「起業精神」に則って変化を絶えず先取りすることは，他者との差別化を常に要請する。その意味では，能動的な自己統治は差異や多様性と完全に親和的である。

他方，能動的な自己統治の能力があるのかどうかは絶えずテストされ評価される。そこで自己統治の能力に劣ると評価された場合，訓練・再訓練の対象者となる。失業者に対しては生活保障ではなく，職業訓練等を施して労働市場へ「復帰」できるよう促すと同時に「復帰」の意志の存在をその条件とするような政策などがより好ましいものとされる。

さらに再度能力が劣るあるいは欠けると評価された人びとには，自己の自己に対する統治が不完全なものとされ，最終的には「アンダークラス」「排除された者」「マージナルな者」といったカテゴリーにくくられててしまう。

セキュリティが非人称の連帯を通じて保障され，そのことによって共有されていた「社会的なもの」は断片化され，政治的自由を支

える「公共性の生の保障の次元」が切り詰められていく。齋藤は,「『市民的公共性』を,あたかもあらゆる——様々な対抗的公共圏を含む——言説空間が相互に関連付けられ『インターパブリックス』として描くことには大きな留保が必要である。」と述べ,市民社会のさまざまな結社の間に調和的な関係も対立的な関係も描くことのできない,そうした事態に至りつつあることを危惧する (同, 41頁)。

ここに至って,わたしたちは,冒頭に言及した,市民社会論の議論の活発化と「セキュリティの政治」の台頭の並存状況について,ある一つの解を手にすることができるのではないか。ネオリベラリズムにおいては,齋藤が描くように,「能動的な自己統治」が倫理的・道徳的に望ましい生のあり方とされ,国家はそれを促す後見的な権力という形態をとり社会の後景に退く。国家と社会との対立に代わり,自己の自己に対する統治能力を有するものと有しないものとの間の境界線が社会の内部に自生的に生まれ,社会の内部に「内なる外部」(渋谷望『魂の労働』青土社, 2003年) が形成される。「内なる外部」は,「内部に住むもの」にとってある種の恐怖を与えることによって,一層の能動的な自己統治を進める否定的なサンクションの装置となるとともに,リスク管理や予防テクノロジーによる監視の対象となるのである。「内部に住むもの」は,そうした「内なる外部」が監視され,予防的な措置を施されることに対して,時にはあからさまに時には暗黙のうちに,安堵するのである。

## おわりに

渋谷望は,近年の——とりわけ「第三の道」にみられるような——「コミュニティの再発見」に関して,ネオリベラルとコミュニタリアンの共犯関係があることを指弾する。ネオリベラリズムが推

進する「能動的な自己統治」から排除される人びとの「受け皿」としてコミュニティが「再発見された」というのである。この論理ではコミュニティは市場に対抗するものではなく、補完するものにすぎなくなる。

このような議論はたしかに傾聴に値するし、コミュニティがネオリベラリズムの「スプリングボード」になりうる危険性も無視できない。最初に述べたようにセキュリティをめぐる国家と市民社会の共鳴・共振関係は、その危険性を証明している。しかし、一方で、ヤングが指摘するように、私的アソシエーションと公共的アソシエーションとは区別されるべきであるし (Iris M. Young, *Inclusion and Democracy*, Routledge, 2001, p.162)、公共的アソシエーションに近い性格をもつコミュニティも存在する。そのような多様なアソシエーションやコミュニティが存在するという市民社会のハイブリッドな性質からはまた別のシナリオも描けるであろう。

本章では、現代市民社会論のアクチュアリティについて、まずその「市民」のアクチュアリティについて考察を進めてきた。シチズンシップへの批判が「市民」の形式的同質性を問題にするのに対して、リベラル・コミュニタリアン論争では、「個人」の内実が問われた。それに対して現代市民社会論のもつ有意性は、個人としての「市民」の主体性やエトスといった規範的議論から離れて、社会内部におけるアソシエーションやコミュニティの多元的存在という事実から出発している点にあった。本章で言及したように、アソシエーションとコミュニティとを広く同義的なものと捉えるなら、そこに帰属・参加している個人は、きわめて多様な形態になりうるはずである。問われるべきなのは、参加する個人のありようよりは、アソシエーションであれ、コミュニティであれ、その共同的・社会的存在のありようではないだろうか。国家や市場といった市民社会

の外部との関係だけでなく，市民社会内部にある権力関係をいかに克服するのか，という課題が自覚されたとき，アソシエーションを基軸にすえた現代市民社会のアクチュアリティが浮かびあがってくるはずなのである。


【より理解を深めるために】
**古賀敬太編著『政治概念の歴史的展開』第一巻，晃洋書房，2004年**
　「自由」や「平等」など政治学にとっておなじみの12の概念について，その歴史的形成と変容を跡づけ，現代の論争状況について考察した著書である。そのなかで，岡本仁宏「市民社会」が本章と関連する。現代市民社会概念は旧来のものと何が異なり，今日どのような積極的意味づけがなされようとしているのか，について明快な整理がなされている。

**菊池理夫『現代のコミュニタリアニズムと「第三の道」』風行社，2004年**
　英米に比べて否定的な印象で受け取られがちなコミュニタリアニズム（共同体主義）について，その先入観を正し，積極的な意味合いを見出そうとしている。リベラルなコミュニタリアニズムは，現代市民社会の議論と共有することができる部分があることを指摘している。

**齋藤純一編『親密圏のポリティクス』ナカニシヤ出版，2003年**
　本章でも取り上げた現代における社会的統治の問題を，親密圏のあり方から問うた著書。多様な分野で仕事をしている9名の執筆者が，様々な観点から親密圏の問題を扱っている。齋藤純一は「親密圏と安全性の政治」とのテーマで，社会的統治において親密圏における具体的な他者が失われ，〈生きる場の保障〉という意味でのセキュリティの政治が今日重要な意味を帯びてきていることに注意を向けている。本章で取り扱うことのできなかった論点である。

第 4 章　　　　　　　　　　　　　　参加と合意のダイナミズム
# 自治体行政と住民


## 1　行政との遭遇

### ⦿ 平穏無事な日々
　普段の生活のなかで，政治とか行政というものが存在していることを意識することは，それほど多くないだろう。日常生活が平穏であればあるほど，その活動に関心を払うことなく，私たちは日々の仕事や学業に専念することができる。

### ⦿ 足元に注意を払ってみると
　勤め先や学校から私たちが帰宅するとき，道の上を，自分で歩いて，車いすなどの歩行補助具を用いて，自転車・自動車といった交通用具を運転して，バス・路面電車といった公共交通機関を利用して帰宅する。赤信号で立ち止まり，右側を歩行するといった道路の利用方法は，各種の交通法規に従う警察行政によって規律されている。また道路そのものの建設や維持補修は，主に税金を財源として中央／地方政府の行政機関の手で行われている。バス・路面電車といった公共交通機関は，路線の開設や運賃の値上げについて法律に基づく中央政府の監督を受けており，地下鉄のような大規模施設の建設ともなると，中央政府による財政投融資の対象となっている。
　道を歩く（「道路」という公共施設を利用する）ことの背景には，政府による税収の確保，国会・議会の決定に基づく税金の配分，法律

に基づく行政の執行という一連の政治が控えている。松下圭一は，私たちの日常生活が「政策・制度のカタマリ」であると述べて，次のように要約している。

　「……工業化・民主化によって，農村型社会の土台である〈共同体〉をほりくずしてしまった都市型社会では，市民の日常生活は，政治によって決定される〈政策・制度〉のネットワークのなかにある。都市型社会では，制度化されたネットワークのなかでのみ，私たち市民は生活をいとなみうるのである。この制度・政策のネットワークは，また，国レベルだけではなく，地域規模の深さ，地球規模の拡がりをもつ。都市型社会の政策・制度のネットワークに注目するとき，政治は，ドラマではなく，政策・制度による，社会の〈組織・制御技術〉としてあらわれる。」(『政策型思考と政治』東京大学出版会，1991年，3-4頁)

## ⦿ 行政の二面性

　政治とは「社会に対する価値の権威的配分」であるという定義に従えば，政治機構で決定されたことを執行する行政機関は，価値の提供者であると同時に価値の剥奪者でもある。地方自治体は，(月謝を徴収せずに)義務教育を提供し，生活保護費を支給するといった資金・サービスを社会に提供する者であると同時に，住民税・固定資産税・自動車税といった地方税や国民健康保険・後期高齢者医療制度・介護保険の保険料を徴収し，交通違反の取締りなどの規制行政を行うといった権力的な側面も有している。

　私たちも地域社会のなかで，行政サービスの受益者の立場／費用の負担者という両面の立場に立っている。個々人の内面で，公立小・中学校での教育サービスや(乳幼児・母子父子家庭などへの)医療費助成金を受けるといった受益の面を強く感じるか／道路建設や都市再開発などの公共事業で住み慣れた土地を移転したりするよう

に，負担や強制の面を強く感じるかで，自治体の行政機関に対する受け取り方や興味関心の有無も異なってくる。

次の節では，私たちが暮らし，行政機関が活動する社会の様子をスケッチしてみよう。

## 2　日本社会のスケッチ

### ⊙ "○○化"という捕らえどころのなさ

自治体職員を主な読者として1993年に発行された全集〈21世紀の地方自治戦略〉の「刊行にあたって」（西尾勝編集『自治の原点と制度』ぎょうせい，1993年）では，「日本社会は国際化・情報化・高齢化・東京一極集中化などに向かっているとする共通認識は形成されている」と表現されていた。これらの「○○化」は，当時"自治体業界"の住人の間で"三化け"という隠語で呼ばれるものであった。この「○○化」という表層の動きをまずはスケッチしてみることにしよう。

少子・高齢化の進展で総人口が減る分，15−64歳の生産年齢人口もやがて減るので，常勤の被用者を雇用して週40時間もの労働時間を拘束するといった固定的な雇用関係に代えて，女性のパートタイム就労や65歳以上の高齢者による週3日就労など，雇用の形態もますます多様化することであろう。

内なる国際化も確実に進んでくる。古くからの定住外国人だけでなく，1990年代以降，新たに日本国内での就労を目的とする外国人住民も増加してきている。日本語での日常会話を不得手とし，日本での生活習慣になじみの薄い外国人が人口のある一定の割合を超えると，義務教育の現場での（日本語＋母国語の）2カ国語教育や成人への日本語教育といった新たな行政サービスが求められるようにな

る。その費用は，基礎自治体である市町村が支出し，市町村の住民が税金で負担することになろう。異文化への理解や寛容の姿勢を多数派住民が示さない場合には，少数者を差別・排除するといったことにもなり，やがては地域社会に修復困難な亀裂をもたらすことにもなりかねない。

人口減少の影響を埋め合わせる以上に労働生産性が向上しない限り，国民経済の規模自体も縮小し，経済成長がないのがあたりまえの「定常型社会」へと変容する。一人一人の被用者の労働時間も短縮され，増大する余暇時間を生涯学習やボランティア活動に用いるという選択もしやすくなることであろう。

情報化といえば1990年代以降，パソコン通信にとって代わったインターネットの普及である。これは，取り扱う情報の量とともに質の面においても，専門家（学者，研究者，生産者）と素人（住民，消費者）の境界を相対的なものに変化させつつある。世界のどこかで専門家が失敗しようものなら，たちまちその情報が全世界に伝播するとともに，趣味嗜好を共有する素人の間で，国境や地域を越えて知識や経験を共有することも可能となる社会でもある。インターネットという道具は，これまで職場や住む地域といったものを基盤とした人と人の交際の場を世界大に拡げ，電脳空間そのものが情報交換や交流の場と化してくる。

では，表層が変化しつつある日本社会の，表層の一枚下の層へ次のキーワードから接近してみよう。

* この章を執筆している2007年末現在，"雇用形態の多様化"の名の下に多くの新規学卒者が，社会への入口段階で常勤雇用される機会もないまま，非正規雇用での就労を余儀なくされている。このことを筆者は肯定的に評価するものではない。

## ⦿ ボランティア

いつの時代にも生活のための本業とは異なる場面での自己実現・表現として,ボランティア活動を行う人々はいたと思われる。日本ではボランティア＝奉仕活動＝地域福祉活動と認知されてきたことから,21世紀の今日でも,中央政府でのボランティア一般の窓口は,厚生労働省「社会・援護局」である。

ボランティアが「奉仕」活動から離れて,独自の意味を有するようになったのは,やはり1995年の阪神・淡路大震災からのことであったと思う。あの地震発生の報道に接して,中央政府や各自治体は災害救助や医療支援のために人員を派遣した。それらの税金を使った対応とは独立して,多くのボランティアたちが誰かの指示を受けたわけでもないのに,個々バラバラに現場へと集結していった。

1997年に発生した日本海重油流出事故でも,海岸に漂着した重油を回収する手作業に全国から集まったボランティアが参加するなど,組織や動員による「奉仕」から個々の自発的な活動,慈善・福祉から環境保護のような新しい領域への展開という次の段階へと変化しつつある。

## ⦿ 男女共同参画社会

この分野でも長年にわたり政府外で男女平等・差別撤廃を求める運動が続いており（進藤久美子『ジェンダーで読む日本政治』有斐閣選書,2004年,第Ⅰ部）,旧・労働省婦人局（厚生労働省雇用均等・児童家庭局の前身）の所掌事務にも女性全般の地位向上が定められていた。この問題が政治レベルでの課題として認知されたきっかけは,メキシコシティで開催された国際婦人年世界会議であり,国際社会への「お付き合い」と呼べるものであった（鹿嶋敬「男女共同参画」松下圭一ほか編『課題』岩波書店,2002年,45-49頁）。国連中心主義という

わが国の外交姿勢から導かれる視点である。

1975年の国連国際婦人年を契機に翌1976年から85年が国連国際婦人の10年とされ、日本政府も国内行動計画を1977年に策定した。「女子に対するあらゆる形態の差別の撤廃に関する条約」(女子差別撤廃条約)に署名 (1980年) した後、国籍法の一部改正 (1984年)、「雇用の分野における男女の均等な機会及び待遇の確保等に関する法律」(男女雇用機会均等法) の制定 (1985年) といった条約上の義務を履行するために必要な国内法制の整備を経て、1985年に女子差別撤廃条約を批准した (昭和60 [1985] 年条約第7号)。

これ以降、法律レベルでの男女平等から政治的・経済的な側面を含む男女共同参画が政策課題として認知された。中央政府レベルでは「男女が、社会の対等な構成員として、自らの意思によって社会のあらゆる分野における活動に参画する機会が確保され、もって男女が均等に政治的、経済的、社会的及び文化的利益を享受することができ、かつ共に責任を担うべき社会」の形成を目指す「男女共同参画社会基本法」が制定 (1999年) された。その後、都道府県・市町村でも男女共同参画条例の制定や男女共同参画計画の策定が進みつつある。

◉ NPO

個々人がボランティア活動を行うことが特別視されず、男女が各々あらゆる分野の活動に参画する機会が確保されるべきであるという社会的な合意が法律のかたちで認められるようになると、次の段階は、政治・行政の世界ではなく、地域という空間で行われる個々人の活動を社会的にどのようなかたちで支えるのかということが問題となる。

1993年の政権交代以降、中央政府レベルで連立内閣が常態化して

いるという政治情勢の変化があった。1995年の阪神・淡路大震災を契機に，ボランティア活動を行う任意団体の社会的な地位を確実なものとし，活動のために必要な法人格の取得を容易にさせることを主目的とした議員立法の動きが始まった。これには市民団体の側からの働きかけもなされた（広岡守穂『NPOが新しい社会をつくる』石川県地方自治研究センター，1997年，12-13頁）。

　営利活動を目的としない団体には，民法（明治29［1896］年法律第89号）第34条に基づき主務官庁（その団体の活動領域を管轄する省庁の大臣）の設立許可を受けて「学術，技芸，慈善，祭祀，その他の公益に関する」社団法人／財団法人という形態で法人格を取得する方法しかなかった。民法に基づく法人格を与える／与えないという判断が主務官庁の裁量に委ねられていることから，株式会社などの営利法人が一定の準則に従えば自由に設立できるのと比べて使い勝手が悪い仕組みと理解されてきた。

　これに対しては民法を改正して，NPOの法人設立手続を簡素なものに改めるという方法もあったが，民法のような基本法典を改正するのには時間がかかる（広岡・前掲書，11頁）ことから，民法の社団法人／財団法人の仕組みをそのまま残して，民法とは別の特別法＊として「特定非営利活動促進法」（NPO法）＊＊が制定（1998年）された。

　NPOに法人格を付与する認証手続は，都道府県の事務とされたことから，自治体レベルではNPO法人設立のための援助を行ったり，活動のための事務所を提供するといった方法で，NPOと行政との新たな関係づくりが模索されている。

　＊　民法に基づく社団法人／財団法人，中間法人法（平成13［2001］年法律第49号）に基づく中間法人という具合に，公益法人制度は"法人格のジャングル"と化していた。行政改革の一環として公益法人制度改革が行われ，民法第34条が改正された。2008年12月に発足する新制度では，「一般社団法人」／「一般財団法人」の設立は（主務官庁の設立許可を必要とせず）登記

のみで可能となり，設立された法人の公益性を第三者委員会が認定する方式が導入された（内閣府公益等認定委員会・2007年11月25日現在 http://www.cao.go.jp/picc/index.html）。
** 国会に提出されたときの題名は，《市民》活動促進法案であったが，参議院の審議のなかで修正され，《特定非営利》活動促進法と改題された。2007年12月現在，この法律を担当する中央政府の部署名は，内閣府国民生活局「市民活動促進課」である。

## ◉ 分権型社会

長い間，日本社会は安定している（言い換えると流動性が低い，活力が乏しい）と考えられてきた。しかしながら，深層での変化は表層にもにじみ出てくる。社会が変化し，既存の枠組み・仕組みではおさまりがつかなくなると，新たに法律が制定される。法治主義の下，政治家が行政機構を統制するうえでは公務員に新しい分野の仕事を行わせたり，社会に対し何らかの規制・介入を行うためには新しい法律が必要となってくる。

新しい法律の制定は，政治の世界に認知された経済・社会における問題群とその処方箋でもあろう。1990年以降，重要な立法として，次頁のものを指摘しておきたい（**表4-1参照**）。

ここで日本における中央集権から地方分権への流れを図式的に説明しようとすると：バブル崩壊以降の国民経済の収縮→法人税などの基幹税の歳入不足→中央政府の過重負荷（社会の劇的な変化に中央集権・全国一律では対処困難：B群）→中央政府の機能再編（通貨管理，外交，国防への純化：C群）→事前規制行政から事後点検行政へ（A群）→中央から地方へ権限移譲（C群）──ということである。

森羅万象を守備範囲としてきた中央政府は，上記でみてきた社会の流動化，多様化に中央集権的に対処することが困難となり，その権限を地方政府へと移譲しはじめた。[*]

表4-1 1990年以降の重要立法

| | 法律名（制定年・法律番号） |
|---|---|
| A群<br>国民と行政機構との関係 | 行政手続法（平成5 [1993] 年法律第88号） |
| | 行政機関の保有する情報の公開に関する法律（平成11 [1999] 年法律第42号） |
| | 行政機関の保有する個人情報の保護に関する法律（平成15 [2003] 年法律第58号） |
| B群<br>経済・社会と政治との関係 | 高齢社会対策基本法（平成7 [1995] 年法律第129号） |
| | 特定非営利活動促進法（平成10 [1998] 年法律第7号） |
| | 男女共同参画社会基本法（平成11 [1999] 年法律第78号） |
| | 少子化社会対策基本法（平成15 [2003] 年法律第133号） |
| C群<br>中央／地方の政府間関係 | 地方分権推進法（平成7 [1995] 年法律第96号） |
| | 中央省庁等改革基本法（平成10 [1998] 年法律第103号） |
| | 地方分権の推進を図るための関係法律の整備等に関する法律（平成11 [1999] 年法律第87号） |
| | 中央省庁等改革のための国の行政組織関係法律の整備等に関する法律（平成11 [1999] 年法律第102号） |
| | 地方分権改革推進法（平成18 [2006] 年法律第111号） |

出典：清水作成

2000年4月から施行された改正後の地方自治法では第1条の2が追加され，その旨が確認的に述べられている。

**第1条の2** 地方公共団体は，住民の福祉の増進を図ることを基本として，地域における行政を自主的かつ総合的に実施する役割を広く担うものとする。

国は，前項の規定の趣旨を達成するため，国においては国際社会における国家としての存立にかかわる事務，全国的に統一して定めることが望ましい国民の諸活動若しくは地方自治に関する基本的な準則に関する事務又は全国的な規模で若しくは全国的な視点に立つて行わなければならない施策及び事業の実施その他の国が本来果たすべき役割

を重点的に担い，住民に身近な行政はできる限り地方公共団体にゆだねることを基本として，地方公共団体との間で適切に役割を分担するとともに，地方公共団体に関する制度の策定及び施策の実施に当たつて，地方公共団体の自主性及び自立性が十分に発揮されるようにしなければならない。

ここで言及されているのは，あくまでも中央と地方の政府間での守備範囲と中央政府から地方政府への権限移譲であり，官・公といった政府の側から社会にある企業，NPO，住民一般への権限移譲といった劇的な転換を意味するものではない。

* 行政法学者・村上順は，1985年のプラザ合意，1989年からの日米構造協議といった日米経済交渉の存在を指摘したうえで，日米貿易不均衡の解消→日本の内需拡大→中央・地方政府需要の増大による日本の内需吸収→規制緩和・地方分権という流れで，日本の分権化促進には日米交渉に基づく経済的な背景があったという解釈を述べている（『日本の地方分権』弘文堂，2003年，23-38頁）。

## 3 人々の政治参加

### ◉ 参加の形態

政治参加というと選挙での投票が真っ先に思い浮かぶ。政治学でも投票行動に重点をおいた研究がなされてきた。蒲島郁夫（『政治参加』東京大学出版会，6-11頁）は，S. ヴァーバ（Sidney Verba）の先行研究にふれながら，政治参加の形態を①投票，②選挙活動，③地域活動，④（官僚・政治家との）個別接触，⑤暴力に分類している。

この節では，前節までの議論で示した流動化しつつある日本社会で，政治参加のなかでも他の参加形態と比べて，要求される自発性のレベルが最も低い「①投票」という公式の回路がいかなる状況にあるかをみてみよう。

表4-2 選挙の種類別投票率

| | 北海道ニセコ町 | 鹿児島県鹿児島市 | 福岡県福岡市 |
|---|---|---|---|
| 市町議会議員 | 無投票 | 52.34 | 49.94 |
| | 2007.4.17届出 | 2004. 4.18 | 2007. 4. 8 |
| 市　町　長 | 89.12 | 40.76 | 42.57 |
| | 2005.10. 9 | 2004.11.28 | 2006.11.19 |
| 道県議会議員 | 76.56 | 50.49 | 49.91 |
| | 2007. 4. 8 | 2007. 4. 8 | 2007. 4. 8 |
| 道県知事 | 76.65 | 57.34 | 50.03 |
| | 2007. 4. 8 | 2004. 7.11 | 2007. 4. 8 |
| 参議院議員（比例代表） | 69.97 | 56.30 | 51.99 |
| | 2007. 7.29 | 2007. 7.29 | 2007. 7.29 |
| 衆議院議員（小選挙区） | 81.38 | 65.04 | 63.40 |
| | 2005. 9.11 | 2005. 9.11 | 2005. 9.11 |

備考1　上段は投票率（％），下段は投票日
　　2　参議院議員（比例代表）の投票率は，在外投票を除いた国内分のみ。
　　3　2003年4月27日のニセコ町議会議員選挙の投票率は，89.50％
出典：各自治体ならびに北海道，鹿児島県および福岡県の公式ホームページ（最終確認2007年12月17日）

## ◉ 公式回路としての選挙

　国政選挙の場合，地方自治体の選挙とは異なり，新聞・テレビには各政党の党首インタビューや注目選挙区の情勢分析が大きく紹介されるのが普段の光景である。不謹慎な言い方ではあるが，政治というものには非日常的なハレの要素があって，とかく元気のない時代に（候補者の周辺だけにせよ）ある種の熱気や活気を生み出しているようである。マツリゴト（政＝祭）と呼ばれる所以であろう。

　ならば，21世紀初めの日本では，どんな種類の選挙でも，どの地方でも同じような熱心さと関心を抱きつつ有権者たちは投票に行く

のであろうか。ここにランダムに選ばれた自治体での例を紹介してみよう（**表4-2参照**）。

　もちろん，各々の選挙が行われる季節・気候も違えば，事実上の信任投票と呼ばれる無風選挙なのか，激戦なのかといった選挙情勢の違いにも投票率は左右されるものである（椎橋勝信「自治体選挙の構造」松下圭一ほか編『自治』岩波書店，2002年，219-223頁）。この3つの自治体を日本の政治地図の縮図に見立てることは誤解を招くかもしれないが，国政以外の地方選挙（特に市町村）については，次のような仮説を引き出すことができる。*

① 人口の少ない農村部のほうが都市化の進んだ自治体よりも一般に投票率が高い。
② 自治体全部という広い選挙区から1人を選ぶ首長選挙よりも，複数の議員を選出する議会選挙のほうがより多くの有権者を動員する力をもっている。
③ 都市化が進むほど，投票所に人々を動員する地域・職域の働きかけの力は薄くなり，間接民主制の形骸化が進行する（約半数の有権者が棄権している）。

　＊　蒲島郁夫は，①と③に関して「第7章　都市規模と政治参加」で次のような議論を展開している。すなわち：従来の研究で主流とされた「農村部の投票率の高さは社会的圧力の結果」という議論に反対して，国政選挙に際して採取された全国的なデータ分析を経て，
　a 一戸建てと民間賃貸住宅を比較すると，一戸建て居住者のほうが投票率が高い
　b 同一地域での居住年数の長短で比較すると，居住年数の長いほうが投票率が高いと指摘し，
　a′一戸建て居住者は都市部よりも町村部に多い
　b′居住年数の長い有権者は小都市や町村に多い
　という社会的属性の違いが見かけ上，都市規模と投票率の関係となって現れるとの解釈を示している（蒲島・前掲書，133-154頁）。

## ◉ 投票率をめぐる解釈：自治体選挙

 表 4-2 に戻ると，市長選挙や知事選挙で有権者の半数近くが棄権しているケースが気にかかる（椎橋・前掲論文，220頁）。市長や知事といった自治体の首長の選任については（議員による間接選挙や中央政府による任命制に代えて），1947年に施行された日本国憲法と地方自治法で直接選挙制が確立したものである。

 2000年4月に施行された改正後の地方自治法では，機関委任事務制度*が廃止され，国と地方自治体，府県と市町村は対等の立場であることも確認されている。それ以前の地方自治体の現場では，自治体固有の仕事と国・府県の監督を受けながら「国の機関」として行う仕事とが混在していることもあって，市町村が国・府県と対等であると主張できるような組織風土ではなかった。この地方自治法の改正により，ようやく自治体の首長は，自治体の政治的な代表者としての権限をもつ存在であることが法－制度の面でも明らかなものとなってきた。

 自治体の首長の選挙にあたっては，候補者は，地域経済・財政運営・環境・福祉・教育といった広範囲な選挙公約を作成して選挙に臨むのが通例である。選挙に当選することで，それらの公約の集合が候補者とともに信任されたという法的－政治的擬制が成立する。

 とはいうものの，選挙期間中に首長候補者の選挙公約を全て比較検討してから投票に臨む有権者は稀であろうし，市町村長選挙では選挙公報を公費で配布する制度を設けていない自治体もあるので，有権者が選択するための情報を十分に入手することは，1週間程度の短い選挙期間中だけでは難しいことが推測される。

 例えば，教育政策では甲候補を支持したいが，環境政策では乙候補に賛成だ。だけど経済政策は丙候補に共感する。自分のなかでは，教育・環境・経済の問題は同じ重さをもっているので，政策に優先

順位を付けられない。——真剣に悩む有権者が増えるほど，投票所で一票を投じない人々が増えてしまいそうである。

* 2000年4月から施行された改正後の地方自治法では，地方自治体の行う事務を①国から自治体に委託する「法定受託事務」と②法定受託事務以外の全てである「自治事務」とに区分している（地方自治法第2条第8項および同条第9項）。
  2000年3月までは，パスポートの発給，外国人登録，国政選挙の投票管理といった「国の事務を自治体である都道府県・市町村そのものに委任するのでなく，自治体の執行機関〔知事・市町村長・選挙管理委員会・教育委員会など〕を『国の機関』として扱い，これらの『国の機関』に委任することを機関委任と呼び，その種の事務のことを機関委任事務」と呼んでいた（西尾勝『行政の活動』有斐閣，2000年，59頁。〔　〕内清水）。
** このような難問を「循環」または発見者にちなみ「コンドルセのパラドックス」と呼ぶ。「争点A・B・Cがあり，……政策作成は3人のメンバーからなる委員会によって決定されるとする。第1の委員による……選択順位をABCの順とし，第2の委員はBCAの順に，第3の委員はCABの順に選択するものとする。この場合，どのような政策議論をしても，AをBより優先させるという票は，賛成2，反対1，BをCより優先させるという票も，賛成2，反対1，そしてCをAより優先させるという票，賛成2，反対1」（リーズ，C. A.『事典　政治の世界』御茶の水書房，1987年，329-330頁）のように矛盾した結果が生ずることがある。
  より数学的な解説については，宇佐美誠『決定』東京大学出版会，2000年，21-27頁を参照。

## 4　政治の日常化——より小さな政治へ

### ⦿ 公式回路の機能不全？

今後の4年間の政治社会の選択を託す代表を選ぶ公式回路が選挙である以上，投票率が常時50％を切ることは望ましいとはいえない。半数以上の有権者が参加しないのに，残りの半数に満たない有権者の投票だけで有権者全体の意思を反映していると擬制すること自体，

きわめて危ない論理であろう。このままならば，有効投票率が10%でも5%でもその選挙は有効に成立してしまうことになる。

* 2007年末の日本の選挙制度では，候補者の得票数が有効投票総数の一定率（地方自治体の首長の場合は4分の1）を満たさないときは，選挙を無効として再選挙を行わせるという規定（公職選挙法第95条第1項ならびに第109条及び第110条）はあるものの，投票率が何%を下回ったら再選挙を行わせるという規定は存在しない。

## ⊙ タウンミーティングの思い出

地方自治のことを「民主主義の学校」と呼んだり，ルソーの『社会契約論』に由来する「カシの木の下の民主主義」という例示が用いられたりする（西尾勝「自治」『行政学の基礎概念』東京大学出版会，1990年，376頁）。地方自治体には，議事機関として議会を設置すること（憲法第93条第1項および地方自治法第89条）が定められているが，その例外として，町村に限ってではあるが，議会の代わりに20歳以上の有権者全員が参加する「町村総会」を設けることができるという仕組みも残ってはいる（地方自治法第94条）。

私たちは，住民が政治的な討議・決定に直接参加できる民主主義が本来の民主主義であって，現在のように議員や首長を選挙で選び，次の選挙までの間は選ばれた人々に政治を「信託」するという間接民主主義のことを便宜的な擬制と（感情では）理解しているのかもしれない。しかしながら，人口50-100人の自治体ならともかく，50万-100万人の規模になると，住民全員が同じ会場に集まって自治体の問題を討議することが非現実的であることも（理性では）わかっている。

* 室井力・兼子仁編『基本法コンメンタール　地方自治法〔第4版〕』（藤谷正博・分担執筆）日本評論社，2001年，93-94頁によると，この「町村総会」は明治時代の町村制に由来するものであり，現在までに2つの村でし

か実例がないとのことである。

もっとも佐藤竺によると,議会に代えて町村総会を置くことは「決して直接民主主義の表れではなく,旧体制下で小村の場合財産資格による〔選挙権・被選挙権を有する〕公民の数が必要な議員数に達しないおそれがあったための便法措置」(「第4章　地方自治を支える(組織)」佐藤竺監修『市民のための地方自治入門〔改訂版〕』実務教育出版,2005年,74頁。〔　〕内清水)であったとのことである。

## ◉ より小さな政治へ

ここで私たちは,一人一人の身の丈に合った小さな政治を構想する時期に達しているのかもしれない。ここでの「小さな」とは,

① 人口1万-100万といった現在の市町村よりも面積も狭く,対象となる人間も少ない「地域」とか「コミュニティ」と呼ばれる社会的な単位を政治・行政の単位として読み替える(規模の縮小)。
② 地理的には現在の市町村を念頭におくものの,政治・行政で取り扱う全ての課題を一括して議論するのではなく,公害防止・環境保護,健康福祉,教育文化,防災安全……のように個々の課題ごとに分けてみる(範囲の縮小)。

ということを意味するものである。半径90cmの人間関係とかNIMBY (Not In My Backyard) という個人主義のススメではない。課題を取り扱いしやすいように「小さく」してみることで,個々の問題のうち,自分に興味を引くものについて(悲壮なまでの重大な覚悟や決心を伴わずに)自分の意見を主張することを通じて政治決定への参画を試みるようになることが期待される。

## ◉ 非公式な政治参加

本章3の初めに紹介した政治参加の形態(本書86頁):①投票,②選挙活動,③地域活動,④(官僚・政治家との)個別接触そして⑤暴

力のうち，公式回路を形成する①投票と②選挙活動が，投票率の低下にみられるように住民の政治参加の媒体として形骸化している。もしもそれに代わる非公式な回路がバイパスとして存在しなければ，住民のなかにある政治的な意見や行政機構への要求が政治・行政機構へと伝わらずに，地域社会での情報が目詰まりを起こしてしまう。

　私たちが地域社会で生活していくうえで（個人的な生活に起因するものではなく，社会的な）トラブルに巻き込まれてしまったときには，次のような方法が考えられる。

a　（騒音，振動，臭気などの刺激に）耐えられる限りは我慢する。
b　（自宅の改修や転居など）自分や家族で自助努力する。
c　（問題の原因者に抗議するなど）近隣住民と協力して対処行動を起こす。
d　（苦情申出や改善要求を提出して）中央／地方政府の行政機関に現状を通報する。
e　その地域を選挙区とする中央／地方の政治家に個別接触して，改善のために行動するよう要請する。

　a～cのレベルであればそれほどでもないかもしれないが，dやeのレベルになると，行動を起こそうとして決断するまでに悩んだりためらったりしそうである。

　しかしながら，このような「住民運動」的な政治への働きかけよりももっとエネルギーを必要とするにもかかわらず，近年「住民投票」というしかけと仕組みに注目が集まっている。次の節では，公式回路の選挙よりも，生き生きとした（生々しい）政治参加が期待される住民投票について述べてみよう。

## 5 住民投票

⊙ 地方自治法には規定がない。

　地方自治法ではリコール，イニシャティブといった直接民主主義的な政治参加の仕組みは定められている（第2編第5章・直接請求）。しかし，ある争点を巡って住民投票を行うことについて，今のところ制度の枠組みすら規定されていない。これに対し，憲法改正の場合は，国会での特別多数決に加えて国民投票も必要であることを定めている（憲法第96条，日本国憲法の改正手続に関する法律（平成19［2007］年法律第51号））。

　1940-50年代にかけて行われてきた住民投票の多くは，①一つの自治体にだけ適用される地方自治特別法（例えば「広島国際平和都市建設法」）の制定に伴うもの（憲法第95条，地方自治法第261条），②第二次世界大戦中に行われた市町村合併を解消することに関するもの，③自治体警察の返上に関するものであった。これらは，いずれも国の法律に基づいて実施されたものである。

　1980年代以降に行われてきた住民投票の多くは，その自治体の議会が議決した条例に基づくものである。首長・議員が条例案を議会に提案しない場合には，住民が地方自治法に基づいて，有権者の50分の1以上の署名を収集し，条例案を添えて首長に提出する。首長は，条例案に（賛成／反対といった）意見を付して議会に提出する。署名収集の要件が有権者の50分の1ということもあって，議会への条例案の提出までは保証されるが，その条例案を可決するか否決するかは議会の判断に委ねられている。仮に有権者の過半数の署名を収集しても条例の成立→住民投票の実施までも保証したものではない。

住民投票が国の法律で定められた最近の例では，2002年に改正された「市町村の合併の特例に関する法律」(昭和40 [1965] 年法律第6号) がある。この仕組みでは，他の市町村A・Bとの法定合併協議会を設置することについてC市町村議会が反対したときには，有権者の6分の1以上の署名（または首長の判断）でC市町村で住民投票が実施されるとの規定が追加された (2005年3月までの時限立法)。その住民投票で他の市町村A・Bとの合併協議のための「協議会の設置に賛成」との投票が過半数を占めたときには，C市町村議会の反対議決を覆すとされている。

市町村合併を促進する観点から行われた制度変更であるが，その特徴としては，

① 合併する／合併しないという出口での住民投票の制度化ではなく，合併協議を行うための法定協議会に参加する／参加しないという入口段階での住民投票であること。
② 代議制民主主義の二本柱の片方である議会が行った反対議決を住民の過半数の投票で覆すことを法定化した結果，議会の意思と住民の意思が矛盾したときには住民の意思が議会の意思に優越することを実定法で確認したこと。

が挙げられる。

## ◉ 有権者からみた利点

先に本章3 (本書86頁) でもみたように，選挙で候補者を選ぶときには，その一つの争点への態度だけを目印にして投票するわけではない。候補者の（過去の）業績／（未来への）公約を全般的に判断して選択するわけである。ある一つの争点に賛成／反対を問うのであれば，その問題に限定して選択ができるし，深く突っ込んだ情報収集や議論も可能となる。一つの争点についてであれば，討議・学

習を重ねることで、住民全般の理解が深まることも期待できる。住民投票＝衆愚政治とは断言できない。

### ◉ 議員・首長からみた問題点

前回の選挙で選ばれ、任期中の4年間は、自治体という政治社会の針路・選択について「信託」されている議員・首長からみると、住民投票という仕組みは、代議制民主主義という制度の根本への挑戦と受け取ることもできる。議会という公開の場での議論を通じて、利害の調整や妥協を図ろうと努めているのであって、住民投票には「討論と審議による意見の調整と統合、合意と妥協の領域を拡大する契機が欠如して」（西尾・前掲論文、386頁）おり、性急に白か黒かの結論をつけようとして、多様な意見の集約・反映には向かない——と理解して、住民投票が原理的な対立へと政治社会を導くことを忌避する考えも成り立つ。

### ◉ 政治社会に与える亀裂

これまで自治体での住民投票が実施されたテーマのなかには、原子力発電所の立地や外国軍隊への基地提供の是非のように、中央政府レベルで扱われるエネルギー政策や安全保障政策を争点とするものもあった。環境保護や平和という観点からの反対論と発電所・基地の設置が雇用をもたらすという地域経済の観点からの賛成論が交錯して、投票を終えたあとでもその地域で生活を続ける住民のなかに修復の困難な亀裂をもたらすことも予想される。

加えて争点によっては、地方自治体のもっている権限や機能では解決策を提示することができずに、投票で示された住民意思を行政運営に反映できずに、逆に地域政治そのものへの不信を増加させ、無力感を募らせることにもなりかねない。

### ◉ 制度化の構想

 これまでの住民投票は,その争点を解決するための1回限りの個別型として条例が制定され,その投票が終わると廃止されるというものであった。これだと同じ自治体で別の争点が顕在化し,議会と首長が対立して政治決定が延期されるようなことになると,署名収集→首長へ提出→議会での住民投票条例の議決→住民投票の実施という過程から繰り返しとなってしまう。

 そのようなことをするよりも,あらかじめ住民投票を市町村の自治の仕組みとして制定しておき,個別具体的な争点を前提としない条例をもつ自治体もある。条例の制定方式としては,①(常設型)住民投票条例を制定する方式と,②自治体基本条例を制定しそのなかに住民投票の仕組みについても触れるという方式がある。

 それではどのような争点を住民投票の対象とするかについては,
a 首長または議会が住民投票にかける案件を自由に選ぶことができる方法,
b ①や②の条例のなかで「他の市町村との合併に関すること」のように投票項目を限定する方法,
c 有権者からの一定数の署名が集まったら自動的に住民投票を実施する方法,
が考えられる。

 このように,個々の自治体で条例を制定することで制度化するという方策もある一方で,全国一律に制度を導入しようとするならば,地方自治法を改正して,住民投票に関する一般的な仕組みを盛り込むという方策もある。法律で枠組みが決まっていれば,基本的なところから議論する時間も節約できる。だが法律が制定されることで,①投票への参加資格が他の公職選挙と同様に選挙人名簿に登録されている人に限定されてしまい,市町村合併を巡って各地で行われた

ような外国人住民や未成年者までも参加させる試みができなくなるほか、②「国際社会における国家としての存立にかかわる事務」「全国的な規模で若しくは全国的な視点に立つて行わなければならない施策及び事業の実施」が対象から外れて、住民投票にかけられる領域が狭くなるということも予想される。

バラバラで全国一律でないのが地方自治というものであれば、かえって法律による全国一律の制度化は望ましくないかもしれない。

## 6 住 民 参 加

### ⊙ 代議制民主主義の機能不全？

自治体の場合、議員も首長も選挙で選ばれると、任期中の4年間は辞職したり、解職されない限り、その地位に留まって、政治決定に参画する。しかしながら次の選挙までの4年の間には、前回の選挙のときには予想もしていないような問題が発生することもあろう。「そのことは前の選挙で公約に入れていないから」という理由で、問題の解決そのものから逃げ出すことは許されない。政治家としての判断に基づき、決断を下すことになる。

代議制民主主義のモデルでは、選挙で選出された人々は、集団としての有権者全体を代表するという擬制が成立するので、議員・首長の決断は——その決定に反対する人々も含めて——住民全体を拘束する。仮に議員・首長の決断が誤っているとすれば、次の選挙で有権者はその議員や首長を落選させることで政治責任を追及することができる。だが、このモデルでは

① 決断をした政治家が次回の選挙に立候補せずに辞職・引退すれば、有権者からの拒否のメッセージを受け取らずに済む。
② 有権者は、選挙で掲げる候補者の公約の全体像＋(前職の場合に

は) 任期中の全行動に基づいて投票するので，任期中のある1つの決定・決断には不支持だが，再選は支持するという投票もあり得る。

ということで，その重大な政治決断への判断を明確なかたちで有権者が示すことができない場合もあろう。

◉ より「小さな」政治を目指して

20世紀末から21世紀初めにかけてのことであるが，自治体のなかには，「行政活動への市民参加の推進に関する条例」(北海道石狩市・2001年) とか「市民パブリック・コメント手続条例」(神奈川県横須賀市・2001年) とか呼ばれるものを制定して，広く住民参加を促そうとする試みが広がりつつある。これらの条例に共通する考え方としては，行政運営は，自治体当局だけで行えるものではなく，住民の理解と参加なくしては成立しないということがある。

住民の理解と参加を促すための具体的な方法として，①審議会など首長に政策提言を行う会議体に公募委員を加え，会議結果も公表するように努力する，②住民に影響を与える重要な計画の策定や公共施設の設置については，住民意見を反映させるための意見募集 (パブリックコメント手続) やワークショップを行うことなどを定めている。

このような住民参加の方法は，「規模の縮小」「範囲の縮小」という，より「小さな政治」の試みである。計画策定や公共施設の配置が修正不能な段階に至る前に住民の意見を取り入れて軌道修正することも可能となり，ことさらに自治体という政治社会に亀裂を生じさせないようにする効果が期待できる。

◉ 制度的な保障——情報公開，行政手続

　ただこのような住民参加を条例で制度化しても，生き生きとした内実が伴わなければ，単に手続への参加者数調べ（意見提出件数◎◎件，会議傍聴者数△△人，ワークショップ開催回数◇◇回）を自治体間で競争することにもなりかねない。

　例えば私たちの住む自治体で「児童福祉・母子保健計画（案）」の策定前に行う住民からの意見募集が有意義なものになるためには，その自治体における統計指標（保育所定数と入所待ち児童数，1歳未満の乳児死亡率，児童虐待の通報件数）が公表され，過去の計画が現在どこまで達成／未達成なのかといった検討のためのデータが情報公開条例に基づく開示請求をしなくても入手可能であることが基礎的な条件である。

　加えて，情報の提供方法も印刷物を限られた場所に配置するのではなく，インターネットで公開することにより入手しやすくするほか，意見の提出方法も文書だけでなく，電子メールでの提出を認めるというような手続面での配慮も，これからの住民参加にとっては必要となってくる。

## 7　参加と合意のダイナミズム——自治体基本条例への試み

　地方自治の基礎的な事項は，日本国憲法の第8章に明文化されており，その細目を定める法律が地方自治法である。この法律は，憲法に直接付属している基本的な法律であるのだが，帝国憲法時代の市制・町村制という法律を受けついでいることもあって，条文数が多いうえに技術的な規定が多く，一般住民が予備知識もないままに通読してみても決して興味深いものでもなければ，市町村行政や地方政治の枠組みがすっきりと整理されるものとはいい難い。

難しいものや理解できないことには興味を失い、関心をもつこともなく、専門家（政治家や公務員）に任せてしまうのが人の常である。ここに、自治体行政や地方政治に主権者である住民の興味や関心を呼び起こそうとする新たな試みが生まれる余地がある。

21世紀に入ってからの"自治体業界"でのブームは、北海道ニセコ町（まちづくり基本条例・2000年）をはじめとする自治体基本条例を新たに制定しようとする動きである。自治体によって様々であるが、わが自治体の目標、個々の行政分野の運営指針、住民参加手続、情報公開・個人情報保護などの他に、設けるべき制度の骨格について定めたものというのが共通項のようである（松下圭一「なぜ、いま、基本条例なのか」『自治基本条例・参加条例の考え方・作り方』地方自治職員研修臨時増刊号71、公職研、2002年、図4）。

このような条文を定めた「基本条例」が制定されると、法的には他の条例と対等な効力しかない「条例」ではあるが、他の条例の解釈指針・立法標準となることから、その自治体での憲法＝最高条例の地位を占めることになる。

こうした基礎的な条例を制定するときには、首長と議会だけが議論するよりも、骨格→素案→条例案といった段階ごとに住民の意見を反映させることが望ましい。時間をかけて多くの住民が自治体基本条例を制定するための住民参加手続に加わることで、制定された後も自治体基本条例への関心を保つことが期待されるほか、将来、住民投票などのより重大な決定に参加することの政治的な訓練にもなろう。

これまでは、多忙な住民が自分の時間を割いてまで、投票以外のかたちで政治に参加することは想定されてこなかった。だが、余暇は地域のことを学習するための時間を与える。課題の提示の仕方によっては、住民の積極的な参加へと進みだす可能性があると考えら

れる。選挙で選んだ代表者を通じての間接的＝静的な参加に加えて，日常的・直接的そして動的な参画へと動き出すことであろう。

【より理解を深めるために】
**新藤宗幸『市民のための自治体学入門』ちくま学芸文庫，1996年**
　「参加型行政」のためには市民と首長・職員との間で「共通言語」による会話ができる必要があるとの視点から書かれた入門書。同『新版　行政ってなんだろう』岩波ジュニア新書，2008年も併せて読んでほしい。
**今井一『住民投票——観客民主主義を超えて』岩波新書，2000年**
　ジャーナリストである著者が1980年代以降の住民投票の実践例について報告し，更にあるべき投票制度について試案を提示している。篠原一『市民の政治学——討議デモクラシーとは何か』岩波新書，2004年と併せて読んでほしい。
**西尾勝・新藤宗幸『いま，なぜ地方分権なのか』実務教育出版，2007年**
　中央政府の地方分権推進委員会委員（1995-2001年）そして地方分権改革推進委員会委員（2007年-）である西尾勝と新藤宗幸との対談集。第二次分権改革のゆくえから，この章で取り上げることのできなかった「道州制」についての議論までも押さえているコンパクトな一冊。

第 5 章　　　　　　　　　　　日本における福祉社会の展望
# 公共性と自己選択

## はじめに

　日本社会はこれまで経験したことのない少子・高齢化の時代へと
ゆるやかにカーブを切ろうとしている。この人口構成の変化は，年
金制度をはじめとする社会保障制度体系の見直しを必然のものとし
ているが，現代世界の「福祉国家」をめぐる議論は，こうした変化
に加えて，20世紀後半の「豊かな社会」の基盤を形成してきた政治
経済体制や，そのなかで実現を図ってきた「社会保障」の理念その
ものの再検討を求める動きとも密接に結びついている。こうした情
勢のなかで現在大きな課題と考えられるのが，20世紀の国民国家の
繁栄を支えた「大きな政府」に対する信頼性の喪失であり，それに
代わるべき新たな公共性の基盤を私たちが21世紀の政治社会のなか
に見出すことができるかどうかという問題である。

　日本社会がかつて経験したことがないような長寿時代を本当に有
意義なものとするためには何が必要なのだろうか。ここでは，21世
紀の福祉社会を展望するため，日本における福祉社会の諸課題を考
察するとともに，現代世界における「福祉国家」再編をめぐる動き
のなかで議論されている様々な政策について考えてみたいと思う。
その際，20世紀後半の「福祉国家」の遺産を受け継ぎながらも，そ
れにとどまらない21世紀の福祉社会を構想するうえでキー・ワード
になると思われる「公共性」と「自己選択」という二つの言葉に留

意しながら，これからの社会における公共哲学に求められるものについて，日本社会が抱える具体的政策課題と関連づけながら考えていきたい。

## 1　日本における「福祉国家」の現状と課題

### ◉「福祉国家」の危機と「社会保障」の理念の再検討

　現代世界の「福祉国家」が共通に抱えている最大の課題として，人口構成の変化，特に社会の急激な少子・高齢化が社会保障制度体系に与える深刻な影響が喧伝されている。しかし，少なくとも日本においては，少子・高齢化を加速させる「出生率」の低下がいわゆる福祉国家の危機とよばれるものの最大の要因だとは考えられない。たしかに「出生率」の低下に伴う少子化が予測を常に上回って進行していることは事実だが，現在深刻化している公的年金や医療保険の制度的崩壊の危機などは，より大きな社会状況の変化から引き起こされたもので，高齢化に伴う保険料の納付者層と保険の受給者層とのバランスシートの悪化といった人口構成上の要因ではとても説明できない。

　こうした大きな社会状況の変化のうち，第一に指摘できることは，産業構造・雇用形態の変化，とりわけいわゆる経済のサービス化・非定型的雇用の増大である。例えば，今後数年間日本政治における大きな政策課題になると考えられる「年金改革」の問題，とりわけ国民年金の加入率低下に伴う年金制度の実質的空洞化の問題にしても，その最大の原因は，徴収制度の改変による自営業者を中心とする国民年金捕捉率の低下ではなく，雇用の不安定化に伴う厚生年金加入者数の減少にある。特に若年層を中心とする無就業者の増大と，いわゆる国民年金の第3号被保険者の枠内での就労形態のパートタ

イマーに依存し，社会保険の費用負担を抑えようとする企業の姿勢が，年金財源の大きな枯渇をはじめとする深刻な事態を引き起こしている。

そうした状況のなかで，現在の日本政治は，年金改革をめぐる混迷に象徴されるように，若年層を中心とする深刻な雇用機会の減少や社会保障財源のあり方に関する根本的な諸課題に正面から取り組むことをせずに，問題を既存の制度の枠内における世代間のバランスシートのあり方に矮小化して年金制度破綻を防ごうとしている。しかし，こうした政策は，むしろ年金制度や政府に対する不信感を増大させることにつながっている。しかも抜本的制度改革に取り組もうとしない不作為とでもいえる現在の状況は，国民に自助努力を強調し，社会保障制度の役割を大きく低下させることで，既存の政治経済秩序の改編を伴う社会保障制度改革の問題を政治的争点の枠外におくことを図っているとも考えることができる。

福祉国家の危機に関する第二の大きな社会状況の変化は，「社会保障」の理念をどのようなものとして捉えるかにかかわる点である。ここでは主に二つの面から考えてみることにしたい。第一に，介護保険制度の導入を一つの大きなきっかけとして，とりわけ社会福祉サービスの分野において「措置から契約へ」という制度利用の基本的な考え方の変化が生じていることがあげられる。これは，福祉サービスの標準化によってもたらされる画一的対応を極力避け，福祉サービス受給者の「自己選択」権を最大限に尊重するとともに，福祉サービスの受給者と供給者との間を「契約」関係で取り結ぶことによって，とりわけ供給者の責任の範囲を明確化させようとするものである。このような考え方は，行政機関の強力な統制による画一的なサービスの提供に対する国民の強い不満を背景とし，サービス受給者の選択の可能性を大きく拡げる意味においては大きな前進

と考えることができる。しかし，家庭環境の悪化に伴い深刻化する児童虐待・育児放棄や独居高齢者の孤立死の増大など，近年続発する諸事件に端的に示されているように，自らの意思を明確に表示できない人々に対しては，従来以上にいわゆる「措置」が必要となる場面も増えている。また「自己選択」権の強調は，様々なサービスへのアクセスを実質的に保障する制度枠組みを同時に整備しなければ，必要性がきわめて高いにもかかわらず福祉サービスを受けることができない層を結果的に大量に生み出す危険性をもっている点にも留意する必要がある。とりわけ障害者や独居高齢者など自らサービスへのアクセスをとりにくい人々に対する，いわゆる「エンパワーメント」をいかに図っていくかは大きな課題といえる。

　第二に，第一の点とも関連するが，福祉サービスの内実を多様化するという視点から，株式会社の社会福祉事業への参入などいわゆる「福祉の市場化」が進められている点である。競争原理によって事業の効率化を図り，できるだけ安価で良質なサービスの提供を進めていこうとするこれらの政策は，当然に予想されるように，採算ベースに基づく事業の中途打ち切りや，事業者側からサービス受給者が選別される可能性をはらんでおり，また福祉サービスの品質の確保を実質的に図っていくための枠組みづくりも大きな課題となっている。

　こうした「措置から契約へ」や「福祉の市場化」という社会保障制度の運営原理にかかわる大きな変更は，これまでの日本の社会保障政策において大きな課題と考えられてきた，福祉サービス受給者の「自己選択」権の尊重という観点ではたしかに大きな前進と考えることができる。しかし，同時にこうした政策の指向性が，社会保障制度の存在根拠である共同社会における「社会連帯」の手段としての意義を失わせるものになれば，各種の社会保険や社会福祉サー

ビスが，民間の生命保険会社の保険商品を補完するものになってしまいかねず，「社会保障」の基本的理念そのものが大きく変貌してしまう可能性をもつものともいえる。

### ⦿ 日本における「福祉国家」の形成過程

現在日本の福祉社会が抱えている大きな問題についてこれまでみてきたが，ここで少し歴史をさかのぼって，日本のいわゆる「福祉国家」がどのような経過をたどって形成されてきたかについてみておくことにしたい。

日本における「福祉国家」の中核をなす社会保障制度の起源は，大陸への軍事的侵攻が本格化する1930年代の後半に遡ることができる。国家総動員体制の形成に伴う労働力の確保を目指すとともに，兵士の身体的資質の低下に危機感を覚えた陸軍の強い要請を受けて，内務省社会局を再編成し創設された「厚生省」を中心に，様々な社会保険の整備などが始められていった。この時期の福祉政策は，治安維持を第一の目標とする従来の社会政策から脱皮し，今日の国民健康保険の起源ともなる制度の策定・実施など，本格的な社会保障制度の確立に向かった第一歩として重要な意味をもっていたと評価することができる。

しかし，こうした1930年代にはじまる福祉政策は，いわゆる「社会問題」に真剣に取り組もうとした内務官僚や民政党の一部勢力を巻き込みながらも，国家官僚制の強いイニシアティブのもとに企図されたものであった。この時期の福祉政策は，儒教的倫理観に基づく「厚生」省という名前のつけ方に象徴されるように，国民的レベルでの「社会連帯」の手段としての社会保障という考え方ではなく，「銃後の守り」を完全なものにし，兵士を安心して戦場に送り出すことを目指した，総動員体制の一環としての役割が強く意識された

ものであった。したがって,地域住民を被保険者とする健康保険組合が,ほとんど既存の市町村を単位とする行政機構そのままの組織であったように,社会保障制度の意義や位置づけが真剣に議論されたうえでその導入が図られたものではなかった。

その後,第二次世界大戦後の日本における福祉国家の形成過程は,同じく戦禍に巻き込まれたヨーロッパ諸国などに比べると大きく立ち遅れていくことになる。つまり,国民全体への普遍的福祉サービスの実現を目指したイギリスと職域を中心とする社会保険の拡充を目指したドイツとの違いなど,財源や社会保険組織のあり方を中心にいくつかの重要な点で大きな違いをみせながらも,ヨーロッパ各国はいずれも「福祉国家」の建設を第二次世界大戦後の経済復興を図るうえで最も重要な政治経済路線として採用した。しかし,日本においては,1940年代末,当初は GHQ の支持を受けていた中道連立政権が崩壊した後,保守政権が安定するとともに,ドッジラインに基づく自由主義経済路線が確立し,占領期当初模索された労使協調による社会民主主義的な経済復興路線は明確に否定された。そして,1950年代に入ると,日経連の指導のもとで,労組との全面的対決を掲げる経営者が企業内で台頭し,いずれも長期間にわたる激しい労働争議を経たのち,「経営権」の確立による労働者の「企業内」化による経済成長路線が結果的に勝利を収めることになった。

1950年代後半以降定着していくこうした経済成長路線のもとで,いわゆる「福祉国家」の実現を目指す動きは,政治的にきわめて低調なものとなる。こうした経済成長路線が戦後日本に定着していった理由としては,第一に,日本における「福祉」に対する国民意識の立ち遅れを指摘することができる。様々な救貧制度や共済組合組織などの伝統をもつヨーロッパ各国に比べて,戦前「労働力のプール」と呼ばれた農村家族の相互扶助を維持しながら,若年労働力の

都会への移動が急速に進んだこの時期の日本においては、各種社会保険制度など社会保障制度の必要性はあまり強く意識されず、いわゆる「福祉」政策は戦争遺族・廃疾者への援護などきわめて限定的なものと捉えられがちだった。

　第二に、第二次世界大戦後いわゆる「福祉国家」建設を実現した各国と異なり、そうした福祉国家路線の推進役と考えられる強力な社会民主主義勢力が不在だったことである。保守勢力に対抗する社会党をはじめとするいわゆる「革新勢力」は、議会のなかで大きな勢力を占めてはいたが、サンフランシスコ講和以後、日本が日米安保体制のもとで再軍備を本格化させいてくなかで、社会保障問題より安全保障問題へ関心を集中させることで支持を拡大した。それは1950年代から60年代にかけて、この安全保障問題が日本政治における最大の政治的争点であったからだが、それだけでなく、当時の社会党や民社党など社会民主主義勢力の最大の支持組織であった総評や同盟などの労働勢力にも、社会保障制度の拡充など福祉国家の実現を通して労働者の社会的地位向上を目指す視点はあまりみられなかったことがその大きな要因であった。特に1960年代後半以降は大企業労組を中心に、経済成長の成果を賃金に反映させようとする運動が大きな影響力をもち、男性正社員の賃金のみが上昇し、逆に女性の就業率の低下（専業主婦の増大）が進んでいくようになって、社会保障給付の財源となる租税や社会保険料に対してはその軽減の要求が強くなっていく。したがって、いわゆる社会民主主義政党が福祉政策を柱として、労働者をはじめ国民各層に支持を拡げていく政治的基盤はほとんど存在しなくなっていった。

　しかし、1950年代後半〜1960年代はじめにかけて、日本の社会保障制度は、強力な社会民主主義勢力の不在にもかかわらず国民健康保険と国民年金の制度的整備によって、一応国民皆保険・皆年金を

実現していく。これらは強引な日米安保条約改定などによって反動的と批判された岸内閣のもとで企図された福祉政策への取り組みに端を発するものであった。戦前の経済官僚で満洲国の経済運営などに辣腕を振るった岸は、政権につくと、保守政治の新しい統治原理として、完全雇用の実現による国民生活の安定を大きな課題にかかげ、吉田政権期の自由主義経済政策に一定の軌道修正を施そうとした。かれの目指したこうした方向性は、実はヨーロッパ各国においても社民政党とともに、より広い支持層獲得を目指す保守政党によって、福祉政策が大きく前進するという歴史的経験にも合致するものである。しかし、こうした政策の実現は、その後の日本の「福祉国家」建設の途上において、疑似社会民主主義としての国家官僚主義が福祉政策の中心的な担い手となることにもつながっていく。

## ◉ 日本型福祉社会論のもつ意味

こうして高度経済成長のなかで、少しずつではあっても整備されていった日本の「福祉国家」が大きく転換する一つのきっかけになったのが、1960年代後半から大都市部に叢生した「革新自治体」の福祉政策と、その理論的な支えの一つになったシビル・ミニマム論の登場であった。急速な経済成長と所得拡大に比べてあまりに不釣り合いにしか発展しなかった国家レベルの福祉政策を補完するものとして、市民生活に最低限必要な諸制度を、地方自治体がその中心的な担い手として整備していこうとするこのシビル・ミニマム論に基づく政策は、公害問題への取り組みとともに大都市部を中心に各地で「革新自治体」を押し上げていく原動力になった。そして、こうした「革新自治体」の福祉政策は、相つぐ首長選挙での敗退に危機感をもった保守政権にも大きな影響を与えていくことになる。佐藤長期政権の後を受けた田中政権時代には、こうした「革新自治

体」に対抗すべく，自民党と厚生省によって様々な福祉政策の充実が計画され，田中政権は「福祉元年」を提唱した。しかしこの「福祉元年」とされた1973年は，同時に高度経済成長の終焉を象徴する「石油危機」の年でもあり，翌年からの経済危機・財政悪化に伴って，本格的にスタートしたばかりの福祉政策は大きな見直しを迫られることになった。

1970年代後半以降はヨーロッパ各国においても，経済危機を背景としていわゆる福祉国家の見直し論が登場するが，日本において特徴的なことは，この時期以降，遅れてきた福祉国家化の進行と，経済危機以後世界各国に拡がった福祉国家の危機が同時に進行するという特殊な状況が生み出されたことである。1970年代後半の深刻な経済危機に対しては大量の国債発行による公共事業の増大で対応したが，財政赤字の深刻化はその解決が容易ではなかった。田中政権以後，1970年代における自民党の選挙での不振と党内派閥抗争の激化は，高度経済成長期に形成された保守政権の基盤が財政問題に象徴されるように大きく動揺していることを示すものであった。しかも様々な社会保障支出削減策にもかかわらず，人口構成上の変化に伴う社会保障支出の避けられない逓増を前にして，保守政権内部では，社会保障支出の抑制を正当化するとともに，保守政権の統治基盤の再構築を目指して新たな戦略が模索されていく。それがいわゆる「日本型福祉社会論」という議論の登場であった。

1980年代はじめに登場したこの「日本型福祉社会論」は，当時の日本社会がヨーロッパ各国などに比べて，高齢者の子ども世代との同居率・自家所有率が高いことなどを，福祉に関する「含み資産」と考えて，こうした傾向の維持，さらにそれらを積極的に活用することで，福祉に関する低い公的支出のなかでも豊かな福祉社会を形成することが可能であるという主張であった。この「日本型福祉社

会論」は，実際には行政機関で練り上げられた具体的政策プログラムというよりも，財界の主張した「増税なき財政再建」を掲げた行政改革路線を強力に押し進めるための政治的アピールであったが，こうした主張が，この時期に様々な批判にもかかわらず政治的に一定の支持を集め，1980年代以降のいわゆる「保守回帰」の一つの要因にもつながると考えられることは，戦後日本が生み出した「福祉国家」の抱える問題の大きさを象徴するものであった。

つまりここで述べた「日本型福祉社会論」の登場などに象徴される，戦後日本における福祉政策の政治的特徴として，次のようなことを指摘することができよう。第一に，社民政党や労働勢力から社会保障政策が提起されるのではなく，保守政権の基盤に動揺がみられるときに，それを新たな側面から支えるための手段として福祉政策への取り組みが保守政権の内部から行われること，第二に，そのことの帰結として，福祉政策が保守政治の安定化を促進する政治的効果の観点から策定・実施されること，第三に，したがって，社会保障制度の拡充などの福祉政策に長期的な視点が乏しく，「福祉国家」政策と他の経済政策との接合などがほとんど意識されず，社会保障財源などに関してつねに諸原理の折衷策がとられた，ということがある。

これらの特徴は，戦後日本における福祉政策の政治的意味に関する以下の二つのことからも指摘することができる。第一は，福祉政策が，さきに述べた戦後復興期の「福祉国家」路線の挫折以後，急速に進行した戦後日本の「企業社会」化を補完するものとしての存在に限定されたことである。労働者の企業内への完全な取り込みによって，社会政策の中心となる労働者に対する福祉政策は，企業内福利・厚生制度の存在を大前提とし，それを側面から支えるものに終始した。さきにも述べたように，こうした政策に対する労組や社

民政党からの批判はほとんどみられなかった。第二に，こうした労働者を中心とする企業内福祉からこぼれる階層に対する福祉政策に関しては，こうした階層の社会的属性が多様で一定の政治的勢力を構成することがきわめて困難であることを反映して，国家官僚制を担い手とするモザイク状の制度設計がなされたことである。このことは，年金制度をはじめとして日本の社会保障制度が複雑で国民に理解されにくく，また保険料と租税を複雑に組み合わせるなど折衷型の財源構造をもつ大きな原因ともなっている。

いずれにしても，公的支出に占める社会保障支出の割合の増大にもかかわらず，福祉政策を「脱政治化」する（重要な政治的争点からはずす）ことで統治基盤の安定を図るという傾向は，戦後日本の保守政治のなかで一貫してとられてきた路線であったと考えることができる。しかもこうした福祉政策の「脱政治化」傾向は，1990年代の政界再編による社会党の分裂や民社党の解体など社民政党の事実上の崩落傾向や，大企業労組を中心とする労働組合自体の「保守化」，また社民政党とは異なった支持基盤を背景に独自の「福祉」政策を主張してきた公明党の与党化などによって，ますますはっきりしているように感じられる。福祉政策に対する批判が，官僚や政治家の体質批判の問題にすり変わって議論される近年の論調は，福祉政策をめぐる実質的議論を国民からますます遠ざけていく可能性をもっている。

## 2 日本における福祉社会の直面する危機

### ⦿ 日本における福祉社会の抱える危機の大きさ

これまで日本における「福祉国家」の形成過程とその問題点についてみてきたが，ここでは日本における福祉社会が，いわゆる世界

的な福祉国家の危機の問題では捉えきれない大きな問題点をもっている点について考えたい。それは，現代の日本社会が，いわゆる福祉国家的な所得再分配政策によっては是正することのできないいくつかの大きな社会的亀裂を抱えていること，そしてそのことと関連して従来の福祉政策の枠組みでは捉えられない「新しい危機」が存在していることについてである。

現代の日本社会には，以下に述べるように，3つの大きな社会的亀裂が存在していると考えられる。第一は，所得格差の拡大。現在日本で最も継続的かつ大規模な社会階層と社会移動に関する調査である，日本社会学会が中心となって実施している SSM 調査によると，1990年代以降所得に関する格差の固定化現象が顕著にみられる。この所得格差の固定化の要因をどのように捉えるのかについてはいくつかの議論が社会学者のあいだにあり，明確な結論はでていないが，いずれにしても所得格差の固定化は，戦後高度経済成長期から日本社会が経験してきたいわゆる「中流ゲーム」が終焉したことを意味している。つまり住宅や自家用車・最新の電化製品の取得などを目指し，「豊かな社会」の一員に構成することで国民社会の統合を図ってきた戦後日本は一つの終焉を迎えたといえる。しかしながら，限りなく新しい差異化を求めていく消費社会の渦のなかにいる現代の日本社会は，自他を様々な記号的商品類で区別する「ブランド信仰」によって，自己の社会的地位を確認し，そのなかにわずかな安定感を得ることで，表面的には貪欲に成長しつづけているようにみえるかもしれない。

第二は，世代間格差の拡大。特に戦後すぐ誕生したいわゆる「団塊の世代」以上の年代と，高度経済成長終焉後に誕生した現在の20歳代との間には，所得・年金などに関して二重三重の「不公平感」が存在するように感じられる。つまり経済成長の成果を直接享受し

得た世代と，いわゆるバブル経済崩壊以後の処理を負担しなければならない世代との相違である。現在進行している国民年金の実質的な空洞化の大きな要因が，この世代間の「不公平感」にあることは動かしがたい事実である（もっとも世代間の公平・不公平はあくまで相対的なもので，中学卒業後集団就職列車に乗った世代と，小さい時から冷暖房完備の自分の部屋で生活する世代との間で，年金受給の公平・不公平だけを論じることにどれほどの意味があるかはよく考えてみるべきであろう）。しかもこの世代間格差の問題が深刻なのは，所得税の累進課税や様々な社会保障給付など，従来の福祉国家的所得再分配政策によっては格差の解消が不可能な点である。むしろ所得再分配政策を実施すればするほど格差は拡大する傾向にあるといえる。

現在の日本社会において，世代間格差を解消する方策として唱えられているものは，新たな社会政策の策定などではなく，いわゆる市場主義の徹底，つまり競争と「自己努力」に期待するものでしかないといっても過言ではない。したがって，現在日本社会では，異なった世代間での「連帯」が存在しにくいだけでなく，同じ世代のなかにおいても「連帯」が成り立つ原理が存在しない（「互いに激しく競争しよう」という原理による連帯というのは，矛盾以外の何ものでもない）という状況にあるといえる。こうした矛盾した状況から脱出することが容易ではない世代間格差の拡大の問題は，近年顕著になっている若年層の未就業率の増大が引き起こす問題とともに，静かにしかし深刻な影を日本社会の基層に落としていくことになると考えられる。

第三は，教育・学歴による就業上の格差の固定化である。特に深刻な問題は，一般事務職の求人が軒並み減少するなど，若者をめぐる雇用情勢が近年の IT 技術の革新によって急速に悪化していることであろう。商業・工業高校の卒業生が，学校で優秀な成績を修め

ても職業生活の最初の段階で厳しく選別され，安定した職種に就くことができない現状は，若年層の職業観・社会観に大きな変化をもたらしている。日本的雇用慣行と呼ばれた終身雇用制と年功型賃金体系は，高度経済成長の終焉以後すでに実質的には大きく変貌を遂げているが，現在でも大企業の技術者や管理層など「中核的」雇用者には厳然として安定した雇用形態が存在している。こうした高学歴者を中心とする企業社会の「中核的」雇用部分の存在が，よけいにその周辺部に不安定な雇用を生み出しているともいえる。つまり現在の日本社会に進行しているのは，雇用の全般的流動化ではなく，雇用形態の変化とそれに伴う所得階層のはげしい分極化であり，しかもそれが教育や学歴によって世代を超えて再生産されていくという現実である。

　こうした状況のなかで現在みられるのは，低学歴者ほど競争原理とそれがもたらす格差を受け入れる一方で，私生活主義を志向し社会的諸活動への関心を失おうとしている現状である。近年のいわゆる「学級崩壊」の背後にあるものに，子どもたちの家庭環境をめぐる変化だけでなく，こうした教育・学歴による就業上の格差固定化の現状を子どもたちが敏感に感じ取り，そのことが修学意欲の低下をまねいているとする見方もあながち否定することはできないように思われる。

　これまで取り上げた，三つの大きな社会的亀裂に起因する諸問題の存在に対して，それを克服するために，従来の福祉国家的所得再分配政策はほとんど有効な対策になりえない。何故なら所得格差の是正が，さきにみたような世代間格差や教育歴の違いによる知識をもつ者ともたない者との格差を縮めることに容易にはつながらないと考えられるからである。むしろ福祉国家的諸政策によって低所得者層に対する社会保障給付を増加させることは，政治的に実現可能

性が乏しいだけでなく，かりにそれが一時的に実現されたとしても，中・高所得者層の福祉国家政策からの離反をいっそう引き起こすことで早晩行き詰まるであろう。しかも技能や知識をもたない低所得者層に対して広範な社会保障支出を行うことは，必ずいわゆる「モラル・ハザード」問題から国民に大きな不満をもたらし，「社会保障」の理念そのものが大きな危機に直面する可能性をもつといえる。

しかも現在日本における福祉社会は，こうした大きな社会的亀裂に直面しているだけではなく，従来の福祉政策では対処することが難しい「新しい危機」の存在に対して，現在の経済社会情勢のなかでどのように対応していくかという問題にも直面している。この「新しい危機」への対応とは，第一に，「労働社会からの退場」とでも呼ぶべき近年の若年層を中心とする社会的「引きこもり現象」に対して，狭義の職業訓練の範疇にとどまらない共同社会への復帰プログラムを用意することであり，第二に，きわめて多様化した職業・家族形態のなかで，疾病や老齢に備える従来の社会保険ではカバーすることのできない様々な「危機」に対処するための制度枠組みをどのように考えるかであり，そして第三に，高度経済成長期にみられた経済成長と福祉国家的政策の蜜月関係が崩れたなかで，必ずしも経済成長と親和性をもたない，ここで指摘したような福祉政策を実施していくための政治的・イデオロギー的基盤をどこに見出していくか，という大きな問題につながっている。

## ⦿ 福祉国家を支える社会的基盤の脆弱性

現在日本の福祉社会が直面している「危機」の深刻さは，1980年代以降同じように福祉国家の危機に直面したヨーロッパ各国の状況と対比したとき，より鮮明になってくる。福祉社会の先進国と呼ばれるヨーロッパ各国，とりわけ北欧諸国の福祉政策は，日本の政策

担当者や実務経験者にとって、さきに述べた「日本型福祉社会論」にみられたような保守主義的批判にもかかわらず、日本の福祉社会が目指すべきモデルとしての役割を果たしてきたと考えられる。しかし、日本における福祉政策論は、北欧諸国に代表される先進的な社会保障制度や福祉サービスそのものへの関心に比較すると、そうした制度を支える広義の社会的基盤のあり方にはあまり関心をもたなかったということができる。しかし、1980年代以降の「福祉国家」に対する新自由主義的なイデオロギー批判に対しても、ヨーロッパ各国において福祉国家形成に関する国民的「合意」に大きな揺らぎが発生しなかった要因に、これらの国々におけるいわゆる「福祉国家」を支える社会的・政治的基盤の強固さがあったことを考えることは、日本における福祉社会論を再考するうえで重要なことである。

1980年代以降の「福祉国家」に対する新自由主義的なイデオロギー批判や、近年のヨーロッパ統合に伴う厳しい社会政策上の制約にもかかわらず、ドイツやスウェーデンでは、20世紀後半の福祉国家形成に関する国民的「合意」に根本的な変化がみられなかった。その理由を考えるためには、こうした国々における福祉国家形成過程が、各種の社会保険制度の創設など制度面での拡充と並行して、労働運動の成熟化とともに、いわゆる「労働者文化」の「市民文化」への浸透という側面を伴って進んでいったことに注目する必要がある。つまり19世紀の末ごろまで、野卑で教養をもたず市民社会の正式な構成員としては考えられていなかった「労働者」を、様々な社会・文化運動を通じて市民社会のなかに包摂することは、その後議会内に労働組合の支持を背景に勢力を拡大していく社会民主主義勢力にとってきわめて大きな課題であった。第一次世界大戦前後に叢生した労働者を主体とする様々な文化サークルや、都市部に誕

生した労働者むけの新興アパート群の威容は、こうした労働者の市民社会への包摂を実態的に象徴するものだった。そして財産をもたない労働者の自営業者などに対する劣等感や不安を払拭し、かれらの市民社会への統合を完成させたものが、これらの国々における「福祉国家」路線の確立だったと考えることができる。

さらに、ヨーロッパ各国における福祉国家の社会的・政治的基盤としては、「福祉」に関する宗教的基盤の存在をあげることができる。ヨーロッパ各国における社会扶助制度の起源に、教区を単位とする救貧制度の存在があることはよく知られているが、いわゆる福祉国家の形成過程においても、福祉施設や福祉サービスの提供者として、各種宗教組織は福祉国家を実質的に支えるうえで大きな役割を果たしてきたし、各種社会福祉制度などは、こうした宗教組織が運営する機関との協力関係を前提に構築されてきた。その意味で「福祉国家」における「国家」は、福祉サービスのプロバイダー（提供者）としてよりもむしろレギュレイター（統括者）としての存在に大きな意義があるという議論にも注目すべきであろう。このように、ヨーロッパ各国における聖俗各層にわたる「福祉国家」の具体的運営組織の多層性は、福祉国家の再編をめぐる議論において決して等閑視することができない。例えば「福祉国家」の解体によるイギリス経済の再建を主張したサッチャー政権によるかなり急進的な社会保障制度改革が、最終的に挫折した最大の原因は、これらの改革が自己の存立基盤の動揺につながりかねないと考えた宗教組織を含む社会各層の猛反発を引き出してしまったことにあった。

こうしたヨーロッパ各国における「福祉国家」を支える政治的・社会的基盤の強固さと対比したとき、現在日本の福祉社会を支える基盤の脆弱性は明らかである。つまりさきにみたように、日本における「福祉国家」の形成は、労働者の市民社会への包摂ではなく、

1950年代後半以降の「企業社会」による労働者の全体的な包摂を前提としたもので，社会保険制度も当初は事実上企業内福祉の存在を補完するものとして意識される傾向にあった。例えば戦後日本における公営住宅の供給は，広範な国民各層を対象とした住宅供給という当初の計画とは違って，もっぱら低所得者を対象とする福祉目的に限定されていき，多くの労働者は，公営住宅ではなく企業が準備した「社宅」に入居するか，資金を貯めて「持ち家」を取得することを当然のことと考えるようになっていく。そして高度経済成長期以後の社会保障支出の増大も，労働勢力の要請によるものではなく，国民健康保険など「企業社会」に属さない非被傭者に対する社会保険の財政負担が，政治的要請によって増大したことが大きな要因であった。また元来宗教組織に起源をもつ機関が大きな役割を果たしているヨーロッパ各国などとは異なり，日本では福祉施設や福祉サービスの提供者はきわめて限定され，そうした社会福祉サービスの欠如を補うものとして医療施設が量的に拡大し，それを支える医療保険費が，他の社会保険給付に比べて突出して増大していくという特徴をもつものであった。

したがって，1990年代以降の経済のグローバル化に伴う日本企業をとりまく情勢の変化によって，労働者に対する企業内福祉の抜本的な見直しが進んでいくと，そうした枠組みの存在を前提としていた日本における「福祉国家」は，その存立基盤を大きく揺るがされることになる。つまり現在の日本で深刻化している福祉社会の危機の背景には，戦後の日本社会を支えてきた「企業社会」による労働者の全体的包摂という路線の限界が明らかになっていると考えられる。もちろん，第二次世界大戦後の日本社会の安定の基礎に「企業社会」の存在があったことは，そのなかにおける様々な矛盾を考慮しても一定の評価をすることができる。しかし，スポーツの分野に

おける実業団チームの相次ぐ解散にもみられるように，ますます経営の効率化を図ろうとしている企業組織に，これからの日本における福祉社会の形成主体となることを期待することは困難であろう。また労働組合が，各種共済組合などを組織して，企業組織とは独立した社会保険制度などの運営主体として活動し，福祉国家形成の強力な推進勢力となることも，これまで述べてきた日本の労働組合を取り巻く状況が大きく変化しない限り，あまり期待できないように考えられる。

したがって，これからの日本における福祉社会の形成主体は，ヨーロッパ各国におけるスポーツチームが企業のサポートを受けながらも，基本的には地域社会に根づく市民の協同社会としてのアソシエーション（association）によって維持されているように，地域において市民が主体的に組織する association を中心とし，そこに財源や機構運営に責任をもつ自治体などの行政組織が関与していく方式を考える以外にないように思われる。そしてそうした方式のなかで，これまでの「企業社会」による労働者の全体的包摂としての「社会保障」の原理に代わる，市民を主体とする新しい公共性の原理に基づく相互的社会連帯としての「社会保障」の理念が確立される必要があるといえる。しかし，人口に膾炙している「市民」や「市民活動」といった言葉さえも，日本では法律用語としてはその使用がいまだに容認されていないように，そうした association の活動を支える社会的・政治的基盤がほとんど存在していない状況が，現在日本の福祉社会が直面している最大の課題である。

## 3 日本における福祉社会の展望

### ◉ 福祉社会の構築と「自己なるもの」の再建

　これまでみてきたように，日本における福祉社会は現在様々な意味で深刻な危機に直面し，しかもその危機を乗り越えていくために必要な新しい公共性の原理を作り出す社会的基盤が脆弱で，変革の方向性すら明確にはなっていないことが示された。そうした状況のなかで，国民のなかに不安感と閉塞感だけが醸成され，政治不信が拡大している現状を変革していくために今後何が重要になってくるのであろうか。

　経済のグローバル化を背景とした市場原理主義の台頭や，それに伴う雇用形態の流動化などを受けて，現在強くその整備・拡充が主張されているものに，いわゆる「社会的セーフティーネット」の考え方がある。この「社会的セーフティーネット」の概念は，きわめて多様化・複雑化している現代社会における「危機」に対して，協同して防衛の枠組みを制度的に形成しようとする主張としてはもちろん大きな意味をもっている。しかし，この「社会的セーフティーネット」をめぐっては，社会保障政策に関してまったく正反対の考え方をもつ人々が，どちらもこの概念を使用して議論を組み立てるなど，必ずしもその概念が意味するものが明確でない部分も多い。したがって，この「社会的セーフティーネット」の考え方を敷衍することで，日本におけるこれからの福祉社会を構築していくための原理とすることにはかなりの困難があるように考えられる。

　たしかに，現在様々なかたちで主張されている「社会的セーフティーネット」論のなかには，この概念をたんなる失業保険の整備などにとどめず，共同社会の相互的連帯形成のための枠組み論とし

第5章 公共性と自己選択　123

て想定しようとする考え方もある。しかし，こうした概念が具体的に成立するためには，さきほどから述べているような，労働者の市民社会への包摂，つまり元来財産をもたない労働者世界のなかで形成された相互連帯の原理を，政治社会全体のものとして受容するという歴史的経験の存在が不可欠であり，そうした経験や原理を支える社会的基盤に乏しい現在の日本では，それらを現実化させることは容易ではないように思われる。したがって，この「社会的セーフティーネット」論は，失業保険の再編成などによって，「企業社会」による労働者の全体的包摂に典型的に示される，戦後日本で形成された，かなり特殊な「福祉国家」の原理を補完するものにはなり得ても，それらを根本的に変革するものにはなり得ない可能性が強い。

　さらに現在，さきほど示したような様々な新しい「危機」への対策として社会政策論の領域では，ワークフェア（workfare）やアクティベーション（activation）など，一定の就労を前提として基礎的な公的給付を行おうとする考え方が活発に議論されている。そうした政策が，未（無）就業者の職業生活への参入に実際どの程度効果があるかについては詳細な検討が必要だが，こうした政策論議をめぐり，今後十分な検討が不可欠になってくると考えられるのは，これらの政策が，いずれも現在その持続が大きな危機に直面していると考えられる「勤労社会」とでも呼ぶべき社会観（勤労の義務とその対価としての社会的権利の承認）とどのように結びつくものであるかという点である。たしかに，一定の就労と福祉給付を結びつけるのでなければ，福祉政策の実施が広範な国民の支持を得ることは難しい。しかし，その政治的実現可能性については，福祉政策を一つの対立軸とする新しい政治勢力の結集を図らないかぎりかなり難しいように思われる。しかも労働集約型から知識集約型に変化しつつある現代の企業組織に求められる人的資源に関する経済効率性と，人

材活用に関する社会政策上の要請をともに実現しうる「仕事」の質と量を，現代の経済社会において確保することはきわめて難しい問題である。(ただしかなり長期的な視点からは，こうした政策が日本を含めた広範な政治社会に受容されざるを得ない状況が生まれる可能性は十分あると考えられる。)

　もちろんこうした「社会的セーフティーネット」論やワークフェア論などの重要性や，今後これらの議論が成熟していくことがきわめて大きな課題であることは否定できない。しかし，それらの考え方にくわえて，これからの日本における福祉社会を展望するために検討してみたい一つの考え方は，福祉社会を支える公共性の基盤をつくり出す原理として，市民が「企業社会」を乗り越えていくための何らかの「資格」をもつという考え方である。

　この考え方は，たとえていえば，かつての「職人」が道具箱一つを抱えて職場をかなり自由に移動することができ，企業もその知識と経験に依存しなければ生産効率を上げることができなかったような状況を現代社会において構想することはできないかという視点といえる。こうした構想が現実の政策として結実するためには，もちろんキャリア形成を含めた教育制度の根本的見直しを含む大きな改革が必要にはなるであろうが，そのなかでの議論で重要になってくるのは，たんに企業への就職活動を目的とするのではない，また必ずしもペイ・ワーク（有償労働）に限定されない，社会生活の様々な領域における基盤技術・知識を「市民社会」が「資格」として承認し，その運用に関する制度やルールを社会的に「共有」するという基本的考え方の是非であろう。ここで述べている「資格」は，もちろん「会計士」や「司法書士」といった現在の職業生活上の公認資格とは異なり，共同社会にとってその存立を維持するために必要な技能・知識であるかどうかによって設定・承認されるものになる

はずである。

　さらにこの考え方は，たんにさきほどからみてきた「企業社会」による労働者の全体的な包摂からの離脱という側面だけではなく，現在様々な意味で危機に瀕している「自己なるもの」を共同社会のレベルにおいて再建する方策にもなりうることが期待できると思われる。それは，従来の職業訓練のように，限定された選択肢のなかから自己の進路を決定するという考え方ではなく，多様な「自己選択」と，そのなかで生じる可能性がある新しい「危機」を社会的に共有することで，相互にその存在を承認し合う基盤を作り出し，個々人が孤立することなく，なんとかそれぞれの「自己なるもの」の再確認を図っていこうとするものである。

　もちろんこうした考え方が，具体的政策のレベルでどの程度現実性を帯びるものであるのかについては今後の大きな検討課題だが，いずれにしても，ここで考えておきたいことは，現在の日本において福祉社会を展望するためには，社会保険や社会福祉に関する具体的制度改革以前の，「社会保障」の理念が成り立ちうる共同社会をどのように構想するのか，そしてその共同社会の構成員を何によって規定するのか，という問題に関する議論を避けて通ることはできないと思われる点である。こうした議論の意味をわかりやすく示すならば，例えば町内会で共同清掃を行おうとするときに，どの範囲の人に労務の提供を求め，また労務を提供できない人それぞれに，各人に相応しいどのような対価の提供を求めるかといったことを，広い視点から議論できる社会的な場をつくり出していくことの重要性である。

### ◉ 新しい社会的公共性の基盤

　ここまでの議論で，経済のグローバル化に伴う企業組織を取り巻

く環境の変化や，個人主義的価値観の亢進によって，現在世界における「福祉国家」は大きな変革の時代を迎えていること，さらに日本においては，従来の「福祉国家」に代わる21世紀の福祉社会を支えていくための社会的・政治的基盤を形成するという大きな課題があることが確認された。こうした課題に対する一つの方策として，市民が企業社会を乗り越えていくための「資格」をもち，その運用に関する制度やルールを社会的に共有する考え方を提示してみた。この考え方は，これからの福祉社会を構想していくうえできわめて重要な概念である「自己選択」という原理と，「社会保障」の制度的原理に不可欠な「公共性」の概念を，現代世界を取り巻く新しい状況のなかで結びつけていこうとする提案である。

　こうした考え方が，今後具体的な政策課題のなかで現実化していくためには，次のような課題に応えていくことが必要であると思われる。それは，「市民」や「市民社会」といった概念を，現在大きく変貌している「自己なるもの」の再構築という観点から再構成して，新しい社会的「公共性」の存立基盤としてもう一度考え直してみることであり，私たちがそこに何を求めることができるのかについて再検討することである。つまり現代社会の様々な新しい「危機」に共同で対処していくことを目指す「社会保障」の理念が成り立ちうる共同社会を構想するためには，「自己なるもの」を社会的に支えていく新しい公共哲学についての考察を進めていかなければならない。

　この新しい公共哲学は，「自己選択」と「公共性」という二つの原理が結びついた福祉社会を構想するために必要ないくつかの課題に応えようとしている。持続的な経済成長とその下での完全雇用の実現という，20世紀後半の「福祉国家」を支えてきた枠組みの維持が難しくなってきた状況下において，所得格差の拡大ときわめて早

い段階からの「競争」による選別と社会的排除が，現代社会に大きな影を落とそうとしている。そうした状況に抗して，未来を展望できるのは市場原理による競争と「自己責任」によってのみであるとする狭隘な考え方を是正するために，この新しい公共哲学は不可欠なものであると考えられる。それは，社会の存立基盤にかかわる議論として，「自己」というものが，個人にとっては必ずしも可視的とは限らない社会的・歴史的関係性の束のなかで，互いの存在意義を認め合うことによってしか存在できないことを示すことで，その関係性のなかに新しい社会的「公共性」が成り立ちうる基盤が存在することを原理的に指し示していくものでもある。こうした議論は，例えば，いま植えたとしてもその伐採は100年後つまり自分の曾孫の世代になることがわかっている林業従事者の仕事を評価する基準を，現代社会においてどこに見出すかといった視点とも言い換えることができる。

このような新しい公共哲学が，今後日本において形成・受容されていくことができるかどうかは，結局のところ私たちが，個人の自律性に関する従来の固定観念を離れて，いわゆる「市民社会」をめぐる新しい構想力をどの程度もつことができるかどうかにかかっていくように思われる。もちろん例えば地球環境問題に象徴されるように，国民国家の枠内や現在生存している世代だけの問題としては捉えることができない問題群も捉えていくことができる「市民社会」論の構想は容易ではないであろう（日本では環境保護政党ですら国政レベルでは存立基盤を見い出していない）。しかも現状では，劣位の他者を鏡とするきわめて排外的な「閉じた」疑似共同体の形成によって，グローバリゼーションに伴うアイデンティティの危機を克服し，国民統合を図っていこうとする政治運動が若年層を中心に影響力をもちはじめてもいる。しかし，これまで述べてきたように，

こうした「市民社会」をめぐる新しい構想力なしに，21世紀の福祉社会を展望することは不可能といえる。これからの日本社会が，本当に有意義な長寿時代を迎え，豊かな福祉社会を構築することができるかどうかは，こうした課題を克服し，現代社会に求められる「連帯」の基盤を作り上げることができるかどうかにかかっている。


【より理解を深めるために】
広井良典『日本の社会保障』岩波新書，1999年
　現在の日本の社会保障制度を取り巻く状況を概観するとともに，21世紀の福祉国家を展望するためのいくつかの政策提言も行っている。入門書としてはやや難しい箇所もあるが，日本の社会保障の全体像をコンパクトに学ぶうえでは非常に優れた著作。
フランソワ＝グザヴィエ・メリアン／石塚秀雄訳『福祉国家』白水社（文庫クセジュ），2001年
　福祉国家の歴史と現状についてヨーロッパ各国の比較を中心にコンパクトにまとめられた著作。特に福祉国家の政治社会学や新制度学派的な分析など近年の福祉国家研究の動向が簡潔にまとめられている。
ポール・スピッカー／阿部實・圷洋一・金子充訳『福祉国家の一般理論——福祉哲学論考』勁草書房，2004年
　福祉国家の類型論などとは異なり「福祉」が成立する社会・政治哲学的基盤について考察したもの。「連帯」を軸にコミュニティーや共同社会が成立する契機について丹念に描き出した「福祉」の原理論とも呼べる著作。

第 6 章　　　　　　　　　新しい政治空間を切り開くために
# 社会運動ネットワークと対抗的公共圏

はじめに——かかわりの政治学とは何か？

　1960年6月，日米安保条約の改定に反対するデモが国会議事堂を幾重にも取り巻いた。「戦後」最大のデモは，安保条約改定を阻止することはできなかったが，安保改定を推進した岸信介内閣を退陣に追い込み，以来長期にわたって自民党政権は「戦前」の体制を復活させようと試みることすらできなかった。デモというかたちで安保条約改定反対に「かかわり」をもったのは，どのような人びとなのだろうか，また，どのようなきっかけでデモに「かかわり」をもつようになったのだろうか。

　小林トミ。1930年生まれで，戦争以外を知らずに成長した小林は，なによりも軍国主義教育を受けた世代であり，軍国少女として「戦争」を「体験」していた。同時に小林トミは，安保闘争の最中，「声なき声の会」結成に参加し，2003年に死去するまで「声なき声の会」の代表世話人として反戦市民運動の一翼を担ってきた。そして，この「声なき声の会」は，日本における「市民」や「市民運動」の登場の一つとして評価されることになる。

　「声なき声の会」を含めて日米安保条約改定に反対する「市民」が注目されたのには，二つの理由がある。第一に，「市民」の登場は，日本における「近代市民社会」成立を予感させるものであった。戦争を阻止しえなかったのは，自立した個人，近代的市民が戦前の

日本では形成されていなかったからであるという反省のうえで，日本にも自立した「市民」が登場したとして注目された。この文脈では「前近代」と「近代」との違いが焦点化される。同時に第二に，安保条約改定反対に結集した労働組合員と「市民」との違いが注目された。労働組合はもちろん近代的組織であるが，安保闘争時の組合員の「かかわり」は，組合による「丸抱え」動員によるものが少なくなかったとして，自立した「市民」の「かかわり」が注目されたわけである。前近代の共同体が解体して「市民」という自立した個人が析出されただけではなく，前近代の共同体が解体されたなかで擬似共同体として機能する労働組合などの「大組織」から自立した「市民」が登場したと注目されたわけである。ここでは，「近代」から「現代」に社会が変化するなかで「市民」のあり方が焦点となっている。言い方を変えると，「労働者」と「市民」，「大衆」と「市民」などの違いが問題となる。

いずれにしろ，「すべての面で自律的主体たることを要求する普遍的理念に支えられる」（日高六郎『1960年5月19日』岩波書店，1960年，16頁）市民や「市民主義」（久野収）が，安保闘争をきっかけにして注目を集めるようになったとはいえ，「市民主義」「市民政治」の可能性を考えようとするならば，「市民」や「市民主義」の普遍主義的側面だけではなく，安保闘争時に「市民主義」が誕生した社会的・政治的・歴史的契機も重視すべきであろう。「市民」というあり方が，どのような「かかわり」のなかで誕生したのかを探ることが必要である。

「声なき声の会」結成に参加した小林トミの場合，「主観の会」という「サークル」のメンバーであり，この「主観の会」は鶴見俊輔らが主宰していた「思想の科学研究会」に属していた。なによりも「声なき声の会」は，これらの「かかわり」に基づいて成立して

いた（小林トミ『貝がらの町』思想の科学社，1980年，219-234頁）。50年代中ごろを頂点として，親睦，趣味，学習，行動，製作，研究など様々な目的をもった様々な「サークル」という人と人との「かかわり」が誕生していた（思想の科学研究会編『共同研究集団』平凡社，1976年，天野正子『「つきあい」の戦後史』吉川弘文館，2005年）。そして，多くの市民が街頭で抗議運動を展開した理由の一つは，「草の根の政治活動の土台はすでに，1950年代に形成されたさまざまなサークル運動によって築かれていた」（Wesley Sasaki-Uemura, *Organizing the Spontaneous*, University of Hawaii Press, 2001, p. 26）ことに求められる。

　ササキ＝ウエムラによれば，「自立した市民」として登場した背景，「大組織」と異なる「自立した市民」の登場を可能にしたのは，1950年代に叢生した「サークル」活動などの市民組織であった。「市民主義」の理念は，市民社会が自立した個人から構成される点にあるとしても，実際の市民社会は，個人と個人との様々な「つながり」から構成されている。今日まで活動を続けているサークル「山脈の会」の代表，白鳥邦夫との対談で，真壁仁は，仲間を作ることの重要性を指摘して，「家の中でも村の中でも，一人の人間として認められていないような，そういう状況のなかに生きた人たちが，戦後自分に目覚めて，対等に生きたいという基本のところの要求を持ち始める。その第一歩として青年なら青年が，若妻なら若妻が仲間をつくり，仲間同士が対等の人権を認め合うというようなことから出発している」（真壁仁・白鳥邦夫『希望の回想』秋田書房，1980年，45頁）として，「サークル」という仲間をつくることが自立することにつながると強調している。市民社会は，「自立した市民」から構成されるのではなく，自立した「かかわり」のなかから，日本の場合50年代に叢生した「サークル」活動のなかから誕生したので

ある。

　安保条約改定反対に「かかわり」をもったとしても，労働組合員は，組合員としての「かかわり」をきっかけとしたであろうし，小林トミの場合は，「主観の会」を中心とするサークル活動との「かかわり」から影響を受けていた。安保条約改定反対に「関与」するという意味での「かかわり」は，個人と個人の「つながり」という意味での「かかわり」によって影響を受ける。本章では，後者の「つながり」「かかわり」を「ネットワーク」と呼んで，市民社会におけるネットワークのありかたに焦点を当てることとする。個人がどのようなネットワークを共有しているか，すなわち，どのような個人と個人との「かかわり」をもっているかによって，個人が安保改定反対などに「かかわり」をもつかどうかが影響を受けるという見方である。もっと一般的にいうと，市民社会の性質は，どのようなネットワークが形成されているかによって決まってくるともいえよう。

　また，個人は，どのような他者とどのようなネットワークを共有しているかによって影響を受けるとともに，どのようなネットワークを共有するのかを選択することもできる。したがって，問題は，私たちは，どのようなネットワークを共有しているのか，どのようなネットワークを選択しているのか，さらに日本の市民社会は，どのようなネットワークによって形成されているのか，以上の点が重要となる。

## 1 「市民運動」の登場——ネットワーク・経験・公共圏

### ◉ 社会運動とネットワーク

　どのようなネットワークが安保闘争などの社会運動形成を促進す

るのかを分析する手法は，社会運動のネットワーク分析と呼ばれている。ネットワーク分析は，人と人とのつながりが個人の行動にどのような影響を与えるか（飽戸弘編『ソーシャル・ネットワークと投票行動』木鐸社，2000年，森岡清志編『パーソナルネットワークの構造と変容』東京都立大学出版会，2002年），政府と利益集団のつながりはどうなっているか（David Knoke et al., *Comparing Policy Networks*, Cambridge University Press, 1996）などの分析に適用されているが，それ自体は様々な領域に応用される分析手法である。社会運動論の領域で，「ネットワーク」という用語が使用される場合，「ネットワーク分析」というよりも「ネットワーキング」という用語がしばしば見受けられる。しかし，「ネットワーク分析」は「ネットワーキング」とは異なるという点に注意する必要がある。社会運動論で「ネットワーク」という用語が使われる場合，リップナック（Jessica Lipnack）とスタンプス（Jeffrey Stamps）の「ネットワーキング」論（『ネットワーキング』プレジデント社，1984年）を踏まえて，自発的な個人が自主的に横につながっていくという「ネットワーキング」を「ネットワーク型運動」として社会運動の一つの理念にしている場合が多い。これは，ネットワークの特定のあり方を社会運動に見出すことになってしまう。社会運動を特定のネットワークとして捉えるのではなく，ネットワークという視点から社会運動を分析することが必要である（Mario Diani and Doug McAdam (ed.), *Social Movements and Networks*, Oxford University Press, 2003）。そうすることによって，「ネットワーク型運動」以外の社会運動もネットワーク分析の対象となる。

　ここでは，個人と個人の間のどのようなネットワーク，つまり「かかわり」が社会運動形成に寄与するのか，また，社会運動と社会運動とのどのような「かかわり」，すなわち社会運動ネットワー

クが社会運動促進に寄与しているのかを検討することになる。

## ◉「経験」と「市民」

　安保闘争を現在の時点から考えると,「戦争体験」の果たした役割が大きいことになかなか気がつかない。「戦争体験」が風化していると言われて久しい現在と比較すると,戦争が終わって15年しか経ていない1960年には「戦争体験」はリアリティを有していた。そうしたなかでA級戦犯であった岸信介首相が強権的な手法で安保条約改定を進めていることは,同じ「戦争体験」をした人びとにとって,戦前の体制への回帰を意味していた。安保改定反対運動の最中に「市民主義」が登場した背後には,「戦争体験」という「時代体験」があった。「市民主義」という普遍主義的理念が「戦争体験」という特殊な「体験」に基づいて成立しているのは,奇妙な現象であるが,多くの国民が共通して体験していたために奇妙さが自覚されなかったのである。

　「体験」は,「戦争体験」のような「同時代体験」だけではない。「同時代」を「体験」しても,その「体験」は様々である。58年生まれの筆者にとって,高度経済成長の影の部分も,スモンやサリドマイドなどの薬害被害も,水俣病やイタイイタイ病などの公害被害も,ベトナム戦争も,「同時代」のことではあるが,同じ「体験」ではない。公害被害者であるかどうか,在日外国人であるかどうか,男性であるか女性であるか,都市に住んでいるかどうか,障害があるかどうか,貧困かどうか,などによって,私たちは様々な「体験」を生きている。しかし,「体験」や「経験」は,「生の体験」としてだけではなく,何らかの「意味づけ」を必要としている。様々な他者との様々な「かかわり」,「ネットワーク」を通じて同じ体験をした人びと,当事者による「経験」の意味づけ,共有が可能にな

る。さらに、当事者と非当事者とのあいだでも「経験」「体験」の意味づけが共有化される場合もある。

「自立した市民」は、あるネットワークを共有しているかによって影響を受けるとともに、様々な特殊な体験によっても影響を受ける存在である。「戦争体験」にしても、「生の体験」としてではなく、「意味づけ」が必要である。50年代を中心として、「生活綴り方」や「生活記録運動」など「サークル」活動を通じて、戦争体験が自ら記録され、集団的に戦争の意味づけを行う試みがあった。50年代に続々と誕生した「サークル」活動では、例えば、新聞の投稿者の親睦サークルから平和運動に取り組むようになった「草の実会」、日本の底辺の生活と思想を掘り起こし戦争体験を数多く記録した「山脈の会」、学習会から原水爆禁止署名運動を始めた「杉の子会」などで、圧倒的な「戦争体験」の意味を捉え直す試みが重ねられ、安保闘争の背景となっている。「市民主義」成立の背景には、「戦争体験」の「組織化」も存在したのである。

## ⦿「経験」と「対抗的公共圏」

社会運動にとって当事者の「経験」のもつ意味を考える際に、ハーバーマスの『公共性の構造転換』を批判するためにネークト（Oskar Negt）とクルーゲ（Alexander Kluge）によって提案された「集合的経験の組織化としての公共圏」（Oskar Negt and Alexander Kluge, *Public Sphere and Experience*, University of Minnesota Press, 1993）を参照したい。ハーバーマスは、私的領域と公的領域が分離した近代資本主義社会を前提として、自立した市民＝ブルジョアジーが、私的領域における特殊な経験から距離を置いて、公共的空間において討議することの重要性を指摘して、その公共的空間である「公共圏」を民主主義理論の中心にすえた。ハーバーマスは、ナチス支配

以後の戦後ドイツにおいて、自由主義段階で成立した「市民的公共圏」が一つの時代だけに当てはまるのではなく、「近代」の普遍的規範として、戦後ドイツの民主化推進の役割を仮託した。これに対して、ネークトとクルーゲは、「68年」を経験したフランクフルト学派として、自由主義段階に成立した「市民的公共圏」概念を「近代」の普遍的規範とすることを批判する。彼らは、「社会経験の組織化の地平」として公共圏を定義し直すことによって、私的領域と公的領域が分離した自由主義段階に成立した「市民的公共圏」においては、個人の経験が私的な経験、特殊な経験として排除されるとして批判し、集合的経験を別の公共的なものとして意味づけを行う空間を「対抗的公共圏」と名づけて、私的な経験、特殊な経験として排除されてきた経験を「市民的公共圏」とは異なる「対抗的公共圏」において意味づけする試みを評価しようとした。彼らの「対抗的公共圏」は、具体例としては「プロレタリア公共圏」しかあげていないが、ドイツ語版オリジナルが出版された72年以降、エコロジー、フェミニズム、平和運動など多様な新しい社会運動を理論的に包括するものという意味を有した。

　50年代中頃をピークとして、様々な「サークル」で自分たちの戦争体験の意味が議論されており、独自の「対抗的公共圏」が構築された。しかも、「戦争体験」は、特殊な経験としてではなく、共通する経験として、公共の問題として議論された。「戦争体験」という「経験」は、もちろん個人が置かれた地位によって異なることは言うまでもないが、共通する「同時代体験」でもあった。「対抗的公共圏」は、「市民的公共圏」に「対抗」しながらも、自らを「公共圏」であると主張する。「戦争体験」を基盤にして形成された独自の「対抗的公共圏」は、安保闘争のときには、共通する「同時代体験」を基盤にしているゆえに、普遍的理念に支えられた「市民」

による「市民的公共圏」へと転換したかのように出現したのである。

「市民的公共圏」の担い手として安保闘争時に登場した「市民」は、いくつかの社会的・政治的・歴史的契機によって登場した。一つは、「戦争体験」という共通する「同時代体験」であり、新たな「つながり」「かかわり」を形成した「サークル」活動であった。それでは、ハーバーマスが「市民的公共圏」を構想した自由主義段階からかけ離れた現代社会において、また「戦争体験」という共通する「同時代体験」を失った現代において、「市民」による「市民的公共圏」はいかにして可能だろうか。また、「市民的公共圏」に対抗して、別の経験に基づく「対抗的公共圏」構築の試みも登場する。60年代、「市民運動」という言葉が定着し始めたその同じ時代は、同時に、「住民運動」が登場した時代でもある。60年代、「市民的公共圏」の担い手としての「市民」はどのようなネットワークのなかで成立したのか、「市民」とは異なる担い手による「対抗的公共圏」はどのようなネットワークを構成しているのか、検討してみたい。

## 2 「市民運動」と「住民運動」──ネットワークと対抗的公共圏

### ◉「市民運動」の論理

1960年日米安保条約改定に反対した社会運動は、「住民運動」でも「市民運動」でもなく、なによりも「国民運動」と形容されることが多い。市民運動や学生運動が果たした役割も大きかったが、この社会運動は、総評や社会党・共産党を中心とする「革新勢力」が大きな役割を果たしたので、「革新系国民運動」(清水慎三)として、戦後革新勢力にとって社会運動の一つのモデルとして長く影響力をもっていた。元々「革新系国民運動」という用語は、同時代体験と

しての戦争体験・戦後体験を経ながらも，自動的に「平和主義・民主主義」という普遍主義的価値観をもつようになるわけではなく，どのようなネットワークに属するかによって「革新派国民」と「保守派国民」に分岐している事態を指していた（清水慎三『戦後革新勢力』青木書店，1966年，14-17頁）。しかし，ここで取り上げたいのは，「市民運動」と「革新系国民運動」との「ネットワーク」の違いである。

注目したいのは，「反戦市民運動の原型」としての「声なき声の会」が，労働運動を中心とする「革新系国民運動」の組織形態とは一線を画していた点である。50年代に活動を開始し安保闘争の後で活動を中止する「サークル」が多いなかで，安保闘争のさなかに誕生した「声なき声の会」は，その後も活動を継続する。代表世話人の小林トミは，活動を継続するなかで，一方では，「デモに参加しようと思い，知人のいる労組に入れてもらうと，周囲の人から『失礼ですが，どなたですか』と私服警官とみられ，居心地が悪い。そんなとき声なき声にめぐりあった」（小林トミ『「声なき声」をきけ』同時代社，2003年，58-59頁）というデモ参加者の声を紹介し，組織によって動員される「運動」を批判しつつ，他方では「ごく普通の市民として個々の自主性を重んじ，いろいろな意見を出し合い，素人の運動として，日常生活を大切にしてきた」（小林・前掲書，74頁）「声なき声の会」の組織形態を特徴づけている。

しかし，なによりも「市民運動」という言葉が広く知られるようになったのは，「ベ平連」（「ベトナムに平和を！市民連合」）によってである。1965年2月アメリカによる北ベトナムへの北爆の開始が，世界各国で抗議を引き起こすなかで，日本でもこうした抗議の一つとして4月にベ平連が誕生した。「ベ平連」は，「声なき声の会」のメンバーなどが呼びかけて，60年安保闘争において「革新系国民運動」

や「学生運動」ではないグループの再結集を実現しようとする試みであった。ここでは,「ベ平連」が理念として掲げ,実際に行動に移した原理を取り上げたい。

ベ平連の代表・小田実は,ベ平連最初のデモで撒いたビラに,「私たちはふつうの市民です。ふつうの市民ということは,会社員がいて,小学校の先生がいて,大工さんがいて,小説を書く男がいて,英語を勉強する少年がいて」と書いて,「ふつうの市民」に訴えた(小田実『「ベ平連」・回顧録でない回顧』第三書館,1995年,28-29頁)。「市民」は,職業,性別,出自,国籍などとは無関係に,ベトナム戦争を前にして,「いくらなんでもひどすぎる」と感じて,公的領域において自分たちの意思を表明し始める。市民は,自分が直接経験していなくても「普遍原理」を体現して,公的領域において自分たちの意思を表明し行動するものと想定されるならば,ここに「市民運動」の性格が示されたといってもいいだろう。

代表・小田実(1932年生まれ)と事務局長・吉川勇一(1931年生まれ)は,小林トミとほぼ同世代であり,「銃後」で戦争を体験し,60年の安保闘争世代(小田は安保闘争には参加していない)でもあるが,戦後20年を経た1965年に誕生し1974年まで続く「ベ平連」には,「戦争体験」のない世代も多く参加してきた。安保闘争時には,「戦争体験」を基礎にして,「二度と悲惨な戦争の犠牲にはならない」として,「安保条約改定によって日本が再びアメリカの戦争に巻き込まれてしまうのではないか」と感じて,多くの「市民」がデモに参加した。これに対してベトナム反戦運動には,戦争体験のない世代も参加した。安保闘争時には,自分たちの「戦争体験」に根ざして安保条約改定に反対した「市民」は,ベトナム戦争に反対する場合,自分たちの「戦争体験」という「経験」に根ざして自分たちの意思を表明する「市民」だけではなくなっていたのである。ベトナム戦争に反

対する運動の場合，自分の「経験」に根ざすことなく「普遍原理」として公的領域においてベトナム戦争に反対であるという自分たちの意思を表明する「市民」が少なからずいたのである。ここから「ベ平連」の反戦平和運動は，直接の利害や直接の経験とは関係なく，「普遍原理」を体現した「市民」が担い手として登場していたともいえる。「普遍的理念」を体現することが「市民」運動の論理であるならば，「戦争体験」とのつながりが薄くなった「ベ平連」における反戦平和運動は，文字通り「市民運動」の論理を体現していることになる。

　なによりも「ベ平連」は，「革新系国民運動」と異なる「市民運動」の論理と倫理を実践した点で，今日まで多大な影響を及ぼしている。とりわけ，少数意見を尊重しつつ直接民主主義を志向した点で，「市民運動」の範型となっている。「ベ平連」が実践した「市民運動」の論理のいくつかは，よく知られている。例えば，「ベ平連」の行動原則として，①言いだしベエがやる，②他人のやることに文句をつけない，③自分の好きなこと，したいことをやる（小田・前掲書，138頁）というものがある。「いくらなんでひどすぎる」と感じて行動することは，普遍原理を体現しつつも，どのように行動するのかは，個人の責任において決定されなければならない。「ベ平連」の行動原則は，普遍原理と個人原理をむすびつける仕掛けとなっている。また，組織のあり方としては，「ベ平連」には会員制度もなく，本部と支部，中央と地方などの上下関係もないことを原則とした。自分たちで「ベ平連」と名乗れば，「ベ平連」のグループになり，それぞれの「ベ平連」グループが対等であるとする「ベ平連原則」はうまく進んだというわけではなかった。しかし，「ベ平連」内部からの批判は，この「ベ平連原則」に対する批判というよりも，この「ベ平連原則」を基準として実際の組織運営が東京中心になってい

るのではないかという批判であった（吉川勇一『市民運動の宿題』思想の科学社，1991年，116-123頁）。こうした批判があることは，逆に，「ベ平連」の行動原則や組織原則が，規範として大きな影響力をもっていたことを示しているともいえよう。

「ベ平連」が体現した原則に基づけば，「自立した市民」が自らの責任において行動することで，われ＝われという「かかわり」「ネットワーク」が形成されていく。また，個人は，職業，性別，エスニシティなどに関係なく，私的経験から分離されて，「市民」として対等に公的領域において意思表示する存在として想定されていた。そのかぎりにおいて，ハーバーマスが提示した「市民的公共圏」の担い手として「市民」が登場したといいうるかもしれない。

しかし，「ベ平連」が活動した60年中頃から70年中頃までの約10年間は，「市民運動」とは異なる「住民運動」が各地で誕生した時期でもある。その約10年間は，社会運動が高揚した時期と特徴づけられるが，「住民運動」は「市民運動」とは異なる組織原則，行動原則に基づく社会運動である場合も少なくなかった。住民運動は，「市民的公共圏」とどのような関係に立つのだろうか。

## ◉「住民運動」の論理

「自立した個人」からなり「普遍原理」を掲げる「市民運動」が「組織丸抱え」型の「革新系国民運動」の批判として登場した60年代中頃，それとは異なる組織形態の社会運動が注目を浴びるようになった。「住民運動」である。「住民運動」は，「直接の利害当事者としての住民」を担い手とする社会運動である点で，「市民運動」とは異なる（長谷川公一『環境運動と新しい公共』有斐閣，2003年，37-39頁）。60年代初頭以降，産業公害や地域開発によって住民の生活が破壊されてきた。こうした破壊から自分たちの生活を守るために，地域に

根ざした社会運動として住民運動が各地で組織された。住民運動の特質は、産業公害や地域開発によって被害をこうむった、あるいはこうむるかもしれないという「独自の共通体験」を基盤にして、地域住民が自分たちの生活を防衛するために社会運動を構築する点にある。さらに「住民運動」は、町内会や自治会などの地域居住組織を巻き込んで組織される場合、「自立した個人」からなる「市民運動」とは組織原理が異なっていることが多い。なによりも、「普遍原理」を掲げる「市民運動」とは異なり、「公共の福祉」や「公共性」を掲げる行政に対して、自分たちの地域の利益を擁護する点でも、「市民運動」とは異なる。

「住民運動」は、公害被害の解決、60年代以降推進された巨大開発、空港や新幹線などの高速交通網の建設、コンビナートの建設などの当否を争点として誕生した。なによりも、当事者である住民の同意を得ることなく開発が決定・推進される点、開発の結果として住民に著しい被害や不利益が予想される点が大きな争点であった。住民は、開発を推進する大企業や国家官僚などの開発テクノクラートと対立するのであるが、開発テクノクラートは、広範囲な受益者がいることを背景にして「公共の利益」ないし「公共性」を高く掲げて開発推進を正当化しようとする。したがって、開発をめぐる住民運動においては、当事者である住民と開発テクノクラートが対立しているだけではなく、「受苦圏」に住む当事者である住民と「受益圏」に住む非当事者である「市民」も対立しているのである（梶田孝道『テクノクラシーと社会運動』東京大学出版会、1988年）。

問題を解決するためには、「受苦圏」に居住する当事者である住民の同意を得て、あるいは合意に基づいて計画を立案する、住民の不利益を回避する、もしくは開発自体を中止するなどの選択肢がありうる。しかし、ここでは、住民運動の担い手である「住民」がどの

ようなネットワークに基づいて構築されるのか，当事者である「住民」と非当事者である「市民」の関係をみてみたい。

　住民運動は，なによりも，そこにともに居住している顔見知りの「紐帯」というネットワークに基づいて構築される点で，「自立した個人」からなる「連帯」というネットワークを体現する「市民運動」とは区別される（中村紀一「紐帯と連帯」正木洋ほか『住民運動"私"論』学陽書房，1976年，173-205頁）。70年代初頭に反国道公害運動を担った経験を踏まえて，中村は，「『住民』の紐帯をもたぬ『市民』の意識的連帯など所詮まやかしにすぎないのではないか。『市民』の語の持つ『普遍的』な響きは『特殊』を空洞化し，稀薄化してしまうのではないか」と疑問を提示しながら，「〈土着〉〈紐帯〉〈特殊〉〈存在〉およそ『市民』と相対立する『住民』の特色がここでは強靭なエネルギーとなって運動を支えた」として，住民運動における〈ウチ〉の強みを強調すると同時に，「もしも『住民』の運動が単に〈ウチ〉なる特殊な実感のみにささえられているのであるとしたら，それはなんと危ういものであろう」と指摘する（中村・前掲書，186頁）。

　住民運動は，住民同士の「紐帯」に基礎を置く日常の媒体組織（町内会，既存の政治過程など）と関連して，類型化が可能である（似田貝香門「開発政策＝計画と住民運動」松原治郎・似田貝香門編『住民運動の論理』学陽書房，1976年，218-223頁）。第一に，町内会などの日常的組織が「一括ぐるみ集団化」されて，地域有力者が住民運動のリーダーになる場合がある。この場合，地域有力者＝運動リーダーへの「下駄あずけ」となり，「条件闘争」となりやすい（「日常組織への連繋型」）。第二に，地域有力者＝運動リーダーに下駄を預けては，目標を実現できないと考えて，「一括ぐるみ集団化」から離脱＝独立して住民運動が再構築される場合がある（「日常組織からの離脱＝独立型」）。第三に，開発によって生産＝生活基盤そのものが解体される

見通しが自覚される場合，地域ぐるみで反対が強化される（「日常組織の再編＝強化型」）。このような類型化は，住民運動における〈ウチ〉の強さと弱さだけではなく，住民の「紐帯」という「ネットワーク」「かかわり」に支えられた住民運動が「市民運動」の論理とは異なることも教えてくれる。

また，「公共性」や「公共の福祉」の名のもとに開発によって住民の生活環境や生活基盤が脅かされて，住民運動が結成される場合，住民の権利が徹底的に主張されることになる。ここでは，住民の権利をどこまでも主張していく地域エゴイズムをプラスシンボルに転化していくという「地域エゴイズム運動」としての住民運動の論理を検討してみたい（宮崎省吾『いま，「公共性」を撃つ』新泉社，1975年）。「公共性」に対して，住民の私的で特殊な利益に徹底的にこだわり，「地域エゴイズム」を貫徹させることによって，住民運動はどのような特質をもちうるのか。

もちろん，開発計画に反対する際に，緻密な計画批判や逆提案が必要であり，そのためにも，全住民をまとめる組織のあり方やリーダーシップが求められる。なによりも，「地域エゴイズムに基盤をおく住民運動」は，全住民を組織し，一党一派に偏しない運動と組織形態であるとともに，宮崎省吾がかかわった「横浜新貨物線反対」とか，区画整理反対とか，具体的な目標をもち，それ以上でもそれ以下でもなく，なによりも「勝つこと」が重視される。

宮崎によれば，住民の権利を徹底的に主張し住民の私的で特殊な利益にとことんこだわる「地域エゴイズム運動」としての住民運動は，一方では，「公共性」「公共の福祉」「全体の利益」などの名のもとに推進される開発計画に反対する。さらに同時に，住民運動は，開発計画が独占資本の利益を体現しているゆえに，独占資本に支援されている自民党政権と対立する革新勢力と提携しなければならな

いという考え方をも退ける。

「保守対革新」という枠組みがはっきりしていた60年安保闘争の頃までは，住民運動が，「日米安保体制」や「独占資本」に反対して闘う場合にのみ，「革新」が住民運動にかかわっていたが，60年代以降，住民運動にとっては「保守対革新」という枠組みは意味をもたなくなった。そのうえで，宮崎は，「保守対革新」という枠組みを超えたところに，「地域エゴイズム運動」としての住民運動を構想した。地域における私的で特殊な利益が，一方では，「保守」によって「公共性」の名のもとに侵害されることも，「革新」によって「反体制運動」という上位の構想に従属させられることも拒否するものとして，60年代の住民運動が構想されているわけである。

住民が自分たちの利益に徹底的にこだわることによって，自分たち自身の「公共性」を取り戻そうとする宮崎の「住民自治」の構想は，「保守」や「革新」が掲げる「公共性」とは異なり，「お互いの間に問題があれば，それをお互いさまといえる範囲で解決していく」公共空間，すなわち「対抗的公共圏」を構築しようとする構想である。

宮崎がかかわった「横浜新貨物線反対」運動は，革新自治体の旗手，飛鳥田横浜市長が掲げた「横浜市民全体の利益」「公共性」と激しく対立した。60年代各地の住民運動を背景にして，革新自治体も誕生したが，横浜市の事例だけではなく，住民運動と革新自治体が対立した事例も少なくない。「地域エゴイズム運動」としての「住民運動」論は，「保守」や「革新」が掲げる「公共性」に対抗して，それとは異なる質の公共空間を繰り開く試みであった。

### ⦿「市民運動」と「対抗的公共圏」

それでは，「ベ平連」に体現される「市民運動」の論理は，「住民

運動」と「かかわり」をもたなかったのであろうか。実は，多くの人が，まず「ベ平連」の活動に参加して，別の社会運動に参加する現象があったという（「ベ平連＝トンネル」論）。もちろん「ベ平連」の敷居が低かったので，参加しやすかったということもあるが，小田実が提唱した「ベ平連」の理念そのものにも，別の社会運動との連帯の論理が含まれていた。

　日本は，アジア・太平洋戦争における加害国であり，ベトナム戦争においてアメリカの同盟国として加害の一端を担っている国であり，日本で生活する「市民」は，決して「普遍主義」という立ち位置にはおらず，加害者という特殊な位置にいる。「ベ平連」はベトナム戦争における加害の問題から，アジア・太平洋戦争における日本の加害の問題に目を向けたとしばしばいわれる。しかし，小田は，単純に加害者にならないために，ベトナム戦争に反対すると主張するのではなく，加害者が被害者になるという戦争のメカニズムを問題にする。国家は例えば自由の擁護のために個人を強制して戦場に狩り出し，彼は弾をうち，敵は倒れる。このことによって，彼は国家に対しては被害者，「敵」に対しては加害者の位置に立つとして，「被害者＝加害者」の「メカニズム」への加担から自らを切り離すことが「普遍原理」として重要だと主張する（小田・前掲書，60頁）。

　ベ平連における市民運動の論理は，市民が私的利害から離れて普遍原理を体現し，公的領域において自分たちの意思を表明し行動するものであるとともに，その市民が「メカニズム」に加担することによって加害者＝加害者でもあるという特殊な立場にも位置しているという認識にも基づいていた。「システム」とも言い換え可能なこの「メカニズム」は，戦争遂行の「メカニズム」だけではなく，現在社会の様々な領域を覆っている。公害を生み出す「メカニズム」，差別を生み出す「メカニズム」，貧富の差を拡大する「メカニズム」，

性的不平等を固定する「メカニズム」，マイノリティを差別する「メカニズム」。「ベ平連」は，そうした「メカニズム」の一つとしてのベトナム戦争遂行の「メカニズム」に取り組んだわけであるが，現代社会における「市民」は，自ら巻き込まれている「メカニズム」「システム」の問題に取り組むなかで，その他の社会運動と連帯していくことになる。

「ベ平連」の活動の盛衰は，ちょうど大学紛争の盛衰に対応するように，68～69年を頂点として，70年代に入ると少しずつ停滞する。まさにその時点で，近代の理念を問い直す動きが登場する。開発に反対する自然保護運動や住民運動が高揚し始めるのも70年代に入ってからであり，ウーマン・リブの登場も70年代初頭である（田中美津『いのちの女たちへ〔増補新装版〕』パンドラ，2004年）。そして盧溝橋事件33周年に行われた集会において，華僑青年闘争委員会によって日本のニューレフトが激しく糾弾されたのも，70年代初頭，70年7月7日であった（絓秀美『革命的な，あまりに革命的な』作品社，2003年，291-337頁）。「ベ平連」の活動に参加した市民は，ベトナム戦争遂行の「メカニズム」から，その他の「メカニズム」にも目を向けていき，支援者として当事者との連帯を模索していく。

普遍原理を体現した自立した市民が登場し，国家に対抗して「市民的公共圏」を構築するようになる一方で，「市民的公共圏」から「特殊なもの」として排除されてきた人びとも自分たちで「対抗的公共圏」を構築し始めてきた。しかし，「市民」は，自分を含む「メカニズム」を問うことによって，直接の経験をもつ当事者としてではなくとも，「対抗的公共圏」の問題圏に関与していく。「市民運動」は「住民運動」などの当事者からなる社会運動と連帯を強めていく。

## 3 社会運動ネットワークの構造

　個人と個人との様々な「かかわり」「ネットワーク」が「市民運動」や「住民運動」など様々な社会運動の形成を促進している。さらに，ここでは，市民社会における社会運動のネットワークがどのように構築され，どのような役割を果たしているのか，を検討してみたい。「自立した市民」の誕生，伝統的な地縁組織の存在なども，社会運動形成を促進し，様々な社会問題の発生と解決に寄与するとはいえ，「社会関係資本」の一つとして市民社会における社会運動ネットワークの存在に着目したい。とはいえ，社会運動ネットワーク全体を把握する準備はないので，まず，自然保護運動のネットワークを取り上げて，そのネットワークがどのように構築され，どのような役割を果たしているのかを検討してみたい。

　1960年代開発によって各地で公害や環境破壊が発生し，それに対して住民運動を含めて様々な社会運動が組織された。そこでは，単純に「保守対革新」という枠組みには包摂されずに，「革新」という枠組みからはみ出した社会運動がみられた。そこでは「市民運動」や「住民運動」も必然的に「革新」と結びつくものではない。では，「革新勢力」という「ネットワーク」と必ずしも一致しない「ネットワーク」とはどのようなもので，どのように機能しているのだろうか。「市民」の連帯でもなく，「住民」の紐帯でもなく，さらには「革新」の枠組みでもない「ネットワーク」とはどのようなものだろうか。

　ここでは，「全国自然保護連合」(1971年結成) を取り上げて，住民運動のネットワークがどのようにして結成され，どのような役割を果たしてきたのか，みてみたい。「全国自然保護連合」は，「日本自

然保護協会」を母体にして「自然保護に関心のある諸団体の連絡，互助機関」として1971年6月に各地の78自然保護団体によって結成された。

「日本自然保護協会」は，官民協力して自然保護を進めるために設立された任意団体であり，さらに学術や景観上価値のある自然を対象とする傾向が強かった（1951年設立）。しかし，学術上・景観上価値のある自然だけではなく，開発や公害による自然環境や生活環境の破壊，川や海など身近な自然の喪失が自然保護のテーマになっていく。そうした破壊に反対する自然保護団体が各地に誕生していることを背景にして，「日本自然保護協会」の活動も変化し，「日本自然保護協会」を触媒として，すでに各地で結成されていた自然保護団体が結集して「全国自然保護連合」が組織された（日本自然保護協会編『自然保護NGO半世紀のあゆみ──日本自然保護協会五〇年誌（上）』平凡社，2002年，128-137頁）。

「全国自然保護連合」は，その規約によれば，自然環境・生活環境の保護と回復のために活動する各地の民間団体が，お互いに連帯・協力して広い視野から自然を保護することを目的とし，そのために，意見や情報を交換し，政府・自治体・企業などに抗議・要請・勧告などを行ってきた。とりわけ，毎年全国各地で「自然保護大会」を開催し，各地の自然保護運動を支援するとともに，全国的な争点にすることに努めてきた。

しかし，「全国自然保護連合」の活動をめぐって，事務局や理事長と加盟団体との関係，環境庁など行政との関係について何度か議論が繰り広げられている。初期の「自然保護大会」では行政関係者が来賓として招待されていたが，75年に開催された第5回日光大会では，参加者が小沢環境庁長官に詰め寄る場面も見られた。開発をめぐり次第に行政との対立姿勢が強まっていった。また，機関紙「全

国自然通信」上での討論によると,「全国自然保護連合」は,親睦団体ではなく,闘える運動体であるべきで,そのために常任理事会の役割を日常の指導機関として明確にし,活動資金として会費の値上げも検討すべきである,という提案が行われたが,それに対して,個々の組織の連合でしかありえないという意見も出されていた(『全国自然通信』10号,11号)。最終的には,77年に開催された第7回東京大会において,「運動を強めるために連合(中央)に斡旋を頼むのは止そう」として「地域団体の運動を強め育てるための連帯機関」という原点に戻ることが決定された(『全国自然通信』19号)。各地の団体が弱体であるからこそ,全国組織の強化が望まれたのであるが,各地の団体が弱体ゆえに全国組織の強化は不可能だったのである。

当時の議論から「連帯機関」としての「全国自然保護連合」の役割についての発言を取り出すと,「連合を情報収集の場とし,必要に応じて連合の名を看板として利用しよう」という提案があった。すなわち,「各地の団体は連合に加盟し,大会に参集し,全国各地でどのような運動が起こっているかを知り,その中で自分たちの運動を位置づけ,その中で自分たちの運動を進める方向を知るべき」である。また,「陳情にしても,それが全国連合の名においてなされるということは,単なる地域エゴによる開発反対なのではなく,全国的視野に立った上で自然保護の観点から問題なのだという意義が強調される」ことになる(『全国自然通信』10号)。

「全国自然保護連合」がもっとも力を入れたのは,毎年各地で開催する全国大会である。各地の自然保護・環境保護運動は,国家や企業が「公共性」の名のもとに推進する開発に対抗するときに,地域生活に根ざしていても「地域エゴ」による開発反対とされることが少なくない。各地の自然保護・環境保護運動は,全国大会を通して地域の問題を全国的な争点に高めて,「全国自然保護連合」として

地域の経験を組織化することによって,文字通り「対抗的公共圏」を形成していったのである。

さらに,「全国自然保護連合」という組織,全国大会の開催は,多くの出会いの機会を提供することになり,二つの方向で意図的に組織化が強化された(『全国自然通信』19号)。一つは,地域ブロック内での地域連帯の強化である。また,他地域の同種問題で闘う団体との連帯強化である。

全国大会では,イシューごとに分科会が開催される。そのなかで第4回日光大会(74年)干潟保護をテーマとする分科会に参加していた「汐川の干潟を守る会」から,分科会では限られた議論しかできないとして,干潟問題を徹底的に話し合いたいと提案があり,75年に「全国干潟シンポジウム1975汐川」が開催された(山下弘文『西日本の干潟』南方新社,1996年,73-100頁,「全国自然通信」11号)。全国的な干潟シンポジウムは3回で終わるが,89年に名古屋,91年に諫早において国際干潟シンポジウムが開催された。これをきっかけにして干潟保護というイシューを軸とする社会運動のネットワークが強化されて,定期的なシンポジウムではなく,恒常的なネットワーク組織として,91年に「日本湿地ネットワーク」が結成された。

また,湿地保護運動という社会運動と専門家とのつながりも形成されている。日本における湿地保護運動のネットワーク形成のきっかけは「全国自然保護連合」の全国大会であったが,「全国自然保護連合」形成のきっかけは,「日本自然保護協会」の活動にあった。「全国自然保護連合」の結成は,なによりも,民間団体の互助機関であり,学術的に価値のある自然だけではなく,身近な自然環境・生活環境の保護までも対象を広げた活動を目指した点で,その母体となった「日本自然保護協会」とは異なっている。しかし今日,「日本自然保護協会」は,研究体制を整えて,政策提言NGOとして活

動を強化している。その結果，湿地保護運動などの社会運動としての環境保護運動を専門家組織としてサポートするかたちができている。湿地保護運動においても，「日本自然保護協会」「世界自然保護基金日本委員会」「日本野鳥の会」が専門家組織として調査を実行して，干潟保護運動をサポートしている。

このようにみると，多様な社会運動ネットワークの存在が確認できる。湿地保護運動の例にとると，第一に，「全国自然保護連合」に結集した自然保護運動の全国的なネットワーク，第二に湿地保護というシングル・イシューを軸に結集した湿地保護運動のネットワーク（「日本湿地ネットワーク」），第三に，地域内では異なるイシューを追求する社会運動のネットワーク，第四に，「日本自然保護協会」「世界自然保護基金日本委員会」「日本野鳥の会」などの専門家組織とのネットワーク，さらには第五に，世界的な湿地保護運動のネットワークがある。日本の湿地保護運動は，以上の様々なネットワークの結節点に位置している。

以上のような社会運動ネットワークは，開発などによって湿地が脅かされるような場合に，湿地の保護という問題を一地域の特殊な問題ではなく，「公共的問題」として争点化することに寄与する「対抗的公共圏」を形成している。そして，このように市民社会において様々な社会運動ネットワークが形成されていくことが，市民社会に基礎を置く民主主義の深化につながると思われる。

ここでは自然保護や湿地保護の社会運動を取り上げたが，様々な政策領域においてシングル・イシューの社会運動ネットワークが形成されている。開発などによって地域の生活環境破壊が懸念されて，住民運動が組織される場合，地域住人を中心として，「対策会議」「協議会」「連絡会」などの名称をもつ住民運動組織が形成されて，同じような状況に苦しんでいる他の地域の住民運動組織との交流や

情報交換も積極的に行われるようになった。「火力公害に反対する全国住民運動交流集会」が1972年に始まり、後に「反火力運動全国会議」(1974年発足) へと発展した。また、1975年に始まった「道路公害反対運動全国交流集会」は、85年に「道路公害反対運動全国連絡会」という運動体に発展した。1993年に開催された第1回目「大規模林道問題全国ネットワークの集い」が発展して、95年に「大規模林道問題全国ネットワーク」が結成された。1988年に「ゴルフ場問題全国交流集会」が開かれたのをきっかけにして「ゴルフ場問題全国連絡会」が結成された。1993年に「水源開発問題全国連絡会」が結成された。他にも、「区画整理・再開発対策全国連絡会議」や「反原発運動全国連絡会」など、住民運動組織によって結成された全国規模のネットワーク組織が数多くある。

このように問題が拡大するとともにシングル・イシューの社会運動が形成されていることは、市民社会における民主主義の拡大・深化であるが、様々なシングル・イシューの社会運動を統合する全国規模の社会運動組織は存在していない。前述の比較的大規模な組織である「全国自然保護連合」の場合、各地の社会運動が弱体であるために全国組織の強化が求められたが、各地の社会運動が弱体であったために全国組織の強化は困難であった。その理由は、韓国やドイツなど全国規模の環境運動組織が存在している諸国と比べると、政党レベルでの違いに求められるかもしれない。日本の場合、革新諸政党が、平和運動だけではなく反公害運動などにおいて比較的積極的に関与してきたために (日本社会党公害追放運動本部編『住民の公害白書』社会新報、1969年、日本共産党中央委員会出版局編・発行『公害列島』1970年)、全国規模の社会運動組織と同じような役割を果たしてきた。これに対して、そのような政党が存在していなかった国の場合、例えば韓国では、韓国環境運動連合のような全国規模の複合型

の社会運動組織が成立している。

　いずれにしろ日本の場合，イシューごとに社会運動ネットワークが形成されているが，その中央組織は組織化の程度が低く，自前の事務所や専従のスタッフを抱えているところは少ない。文字通り各地の社会運動のネットワークにとどまっている。それでも，問題が生じたときに，情報の提供など関連する社会運動ネットワークの支援を受けることができる。シングル・イシューの社会運動ネットワークの存在は，各地の社会運動形成を促進する役割を果たしている。

　また，各地の社会運動は，当事者が担い手となっているが，イシューごとの社会運動ネットワークを通して，他の地域の社会運動とは，お互いに支援し支援される関係が形成される。その意味では，住民運動であっても，社会運動ネットワークの形成とともに，市民運動としての特質を帯びるようになっている。

## 4　新自由主義時代の社会運動──NPOと公共圏

### ◉ 対立から協働へ

　前述の「全国自然保護連合」が結成されてから十数年後の1985年に，水環境に取り組む住民運動の連絡組織として「水郷水都全国会議」が誕生した。「水郷水都全国会議」は，水環境だけを取り上げている点で「全国自然保護連合」と異なるが，毎年全国大会を開催して開催地の運動に学び激励するという点で類似している。ここでは，社会運動の主流が対決・抵抗型から提案・参加型に転換しているとされる80年代に「水郷水都全国会議」が誕生した点に注目したい。「水郷水都全国会議」の誕生のきっかけとなり滋賀県で開催された第1回世界湖沼環境会議（84年）では，行政・研究者・住民が対等の

立場で話し合う可能性が示唆されていた。しかし，現実には，水環境をめぐって住民と行政は各地で対立しており，宍道湖・中海淡水化事業が争点となっていた島根県松江市で開催された第1回水郷水都全国会議は，水環境保全のために協力すべき行政・研究者・住民の三者のなかで，住民が主体であることを明確にした集会であった。その後21回大会まで振り返ると，河口堰やダムの建設をめぐって行政と住民が対立している地域で開催された大会もあれば，行政と住民が協力している地域で開催された大会もある。そのたびに，自治体や関係省庁が後援するかどうか，係争中の団体が実行委員会に参加するかどうかなど紆余曲折してきた（『水郷水都全国会議20年記念資料集』2005年）。それでも水環境を取り上げる住民運動の重点が，環境破壊に結びつく開発を阻止するものから，良好な水環境を住民自身が保全・創造するものへと移るにつれて，行政や研究者との協働が盛んになってきた。そして，96年に特定非営利活動促進法が成立すると，NPO法人として継続的に水環境保全活動に従事する住民運動組織も増大した。

　水環境保全という公共的課題に関して，行政が一方的に開発を決定したのに対して，住民は，各地の住民運動と連帯して，対抗的公共圏を形成し，別の解決策を模索してきた。しかし，地域によっては，住民自身が水環境の保全に従事し，これまでは政府が担ってきた公共的課題を担うようになり，行政や研究者との協働（コラボレーション）も行われるようになっている。社会運動と社会運動とのネットワークだけではなく，社会運動・行政・研究者とのネットワークが形成されているのである。このようなあり方は，「市民的公共圏」（ハーバーマス）と対比される場合もあるが，「市民的公共圏」が議論の社会的空間として構想されているのに対して，市民社会が公共を担う事態は，市民社会が議論の空間であるにとどまらず，決定・

実行する役割も果たしている点で大きな違いがある。

　こうした活動を前提として、97年に河川法が改正されて、河川管理の目的に、治水と利水以外に、環境保全が付け加えられ、河川整備に住民参加の手続きが導入された。河川の水環境保全に住民参加が法律上も明記されて、水環境保全という公共的課題について住民運動やNPOと行政が協働して取り組むことが制度化されたことになり、文字通り、住民運動やNPOが公共の担い手となったともいえる。しかし、河川整備の基本となる「河川整備基本方針」は国土交通省が作成し、具体的な「河川整備計画」の作成についてのみ住民意見を反映させるとなっている。ダムや河口堰の建設が争点として住民と行政が対立するとき、河川整備の基本方針はすでに定められているので、住民の意向が反映されにくいことにはかわりがない。河川管理という公共的課題への住民参加、さらに住民と行政との協働は、限られた範囲で認められているにすぎない。それでも、河川法の改正は、河川管理という公共的課題を「下から」構築していく第一歩になり、新しい政治空間の可能性が開かれた。

### ◉ 市民活動と市民社会

　市民が公共的課題を担うようになっているのは、水環境の保全だけではなく、様々な課題に及んでいる。そうしたなかで政府や企業の活動による被害に対して抗議・阻止する住民運動や市民運動が、政策を提案・実現する活動に変化したので、住民運動や市民運動に代わって、90年代以降「市民活動」という言葉が使用されることも多くなった。「市民運動」から「市民活動」へと用語が変化するとともに、「市民」そのものの意味も変化している。元々「市民」には、権力から自由になるという側面と権力に加わるという側面がある。「市民活動」という用語が使用される場合、市民が政治共同体へ参

加するという後者の側面が強調されている。とくに96年に特定非営利活動促進法が成立すると、多くの市民活動組織がNPO法人として継続して公共的な活動を行うようになった。

　市民社会における市民活動、NPOの評価は、様々であるが、「市民社会論」の評価は、80年代末に東欧諸国における国家社会主義体制の崩壊をきっかけにして高まった。これは、ポーランドの「連帯」による「下からの改革」が、市民社会の発達に支えられた改革として高く評価されたことに由来する。そして、「市民社会」は、国家や市場経済から区別され、市民の自発的組織からなる空間として理解されるようになった（山口定『市民社会論』有斐閣、2004年、129-206頁）。ところが、東欧諸国の市民社会は、国家社会主義体制には勝利したものの、その後押し寄せてきた市場経済の荒波に飲み込まれてしまった。さらに市場経済の荒波は、東欧諸国だけではなく、グローバリゼーションや新自由主義政策として、日本にも影響を与え、市民社会の存立を脅かしている。

　これまで何が公共性であるかをすべて国家が決定してきたので、国家による「公共性の独占」が抵抗・抗議型の社会運動によって批判されてきた。しかし現在、「小さな政府」を理想とする新自由主義政策は、「公共性の解体」を推し進めている。したがって、市民社会は、一方では、国家による「公共性の独占」を批判しつつ、他方では、新自由主義指向の政府が、公共的活動を民営化して市場経済に委ねるのに対して、民営化による「公共性の解体」にも抗する役割を期待されている。

　市民活動、NPOが、このような期待に応えることができているかが問われている。NPOと政府との関係では、一方では、なによりも市民活動が実際に市民社会において公共的活動を行っていることを評価して、特定非営利活動促進法によって法的に制度化されたこと

が重視されている。他方では、「小さな政府」を理念として新自由主義政策が追求されて、これまで政府が担ってきた仕事を民間に委ねており、その結果として、NPOの活動が増大している側面がある。要するに、市民活動、NPOの活動の増大は、市民社会の活性化の結果でもあり、市民社会を脅かしている新自由主義政策の結果でもある。

　そして行政が公的業務を外部に委託する場合、NPOがその業務を請け負うことによって、NPOが行政の下請けになる危険性はしばしば指摘されている。また、河川管理の例のように、NPOの活動領域は、政府の許容範囲でしかない場合も少なくない。しかし、問題は、公共圏概念にかかわっている。フレイザー（Nancy Fraser）は、「協議の実践がもっぱら意見形成に依拠し、決定形成を含まないような公共性」を「弱い公共性」と名づけ、「討議が意見形成と決定形成をあわせもつような公共性」である「強い公共性」から区別し、「意見形成だけではなく決定形成も含むような公共の場における討論の権威が浸透していけば、世論の自律性が脅かされる」と危惧を表明している（ナンシー・フレイザー「公共圏の再考」クレイグ・キャルホーン編『ハーバマスと公共圏』未來社、1999年、154頁）。市民社会における市民活動、NPOは、公共的活動を行うことによって、ハーバーマスの用語を借用して「市民的公共性」を担うことが想定されているが、ハーバーマスの「市民的公共性」は決定形成を含まず意見形成を担う討議の重要性（弱い公共性）を示したものであり、市民活動、NPOが市民社会において意見形成、決定形成、さらに政策執行を担うことを想定している議論（強い公共性）とは異なる。確かに、市民社会における市民活動は直接民主主義の空間を切り開くかもしれないが、批判性を喪失するのではないかと危惧される。

　もちろん、行政との協業を模索しても「それは、行政に対する抵

抗・告発を忘れ去ったものではなく，厳しい緊張をはらんだ協業である」(新原道信・牛山久仁彦「市民運動の多様性」矢澤修次郎編『講座社会学15　社会運動』東京大学出版会，2003年，165頁)という指摘は多い。しかし，他方では，「制度化することで，NPO型の市民政治は自らに限界設定を施したように見える」として，臓器移植法，周辺事態法，住民基本台帳法，奉仕活動の義務化などについてNPOは沈黙を守り「政治システムに「否」を言わないこと」など限界設定している(栗原彬「市民政治のアジェンダ」高畠通敏編『現代市民政治編』世織書房，2003年，186頁)とする批判もある。新自由主義時代における市民活動，NPOの活動が，市民社会において公共的役割を果たすようになったとはいえ，「公共性」の内実を改めて確認する必要がある。

　本章では，市民による市民的公共圏確立の試みをみるとともに，市民的公共圏とは異なる対抗的公共圏が様々に模索されてきた社会運動の歴史を検証してきた。市民活動，NPOの活動が脚光を浴びている現在，市民社会の現状を踏まえたうえで，対抗的公共圏の可能性を模索する必要があるだろう。

## 結びに代えて——萎縮する市民社会とセキュリティ

　戦後日本において「市民的公共圏」の担い手となる「市民」が登場した背景として，50年代の「サークル活動」に育まれていた人と人の「かかわり」が重要な役割を果たした。また，「市民」と異なる人と人の「かかわり」からなる「住民運動」が「対抗的公共圏」を担い，さらに，様々なマイノリティの運動が様々な「対抗的公共圏」を構築しようと試みてきた。そして社会運動が，抵抗・告発型から提案・参加型になるにつれて，「市民的公共圏」と「対抗的公共圏」のあいだの境界線が流動的になり，あるいは消滅しているようにみ

える。しかし,「対抗的公共圏」が「市民的公共圏」に合流しているようにみえ,「市民社会」において市民が公共的役割を果たすことが期待されている現在において,その基盤となるべき「市民社会」は,各国政府に新自由主義政策を強制するグローバリゼーションによって脅かされている。

なによりも,政府による公共的活動が民営化や規制緩和によって市場経済に委ねられることによって,公共圏自体が縮小し(渋谷望『魂の労働』青土社,2003年,119-140頁),経済格差が拡大し,安定した社会関係が失われ,市民社会に大きな亀裂ができている。それ以上に,「市民的公共圏」や「対抗的公共圏」の基礎となるべき人と人との「かかわり」が大きく変容している。人と人の「かかわり」の基礎にある「信頼」が失われ,人びとは「安全=セキュリティ」を求めるようになっている。国家に対して治安対策,安全保障政策の強化を求めるだけではなく,市民自ら,街角に監視カメラを設置して自分たちの「安全」を確保しようと努めている(酒井隆史『自由論』青土社,2001年,257-314頁)。監視社会においては,監視カメラの対象となる人びとが,市民社会から排除されてしまい,「対抗的公共圏」を構築する機会と能力が剥奪されるだけではなく,「市民」においても「市民的公共圏」が失われてしまう。新自由主義時代,市民社会における市民活動が,文字通り,人と人とのどのような「かかわり」に依拠しており,どのような「かかわり」を構築していくかは,決定的に重要となっている(山岸俊男『安心社会から信頼社会へ』中央公論新社,1999年)。

## 【より理解を深めるために】

天野正子『「つきあい」の戦後史──サークル・ネットワークの拓く地平』
吉川弘文館,2005年

　　『かかわりの政治学』の「かかわり」は,「つながり」や「つきあい」と言い換えることができる。本書は,「自立した市民」が様々な「つきあい」「かかわり」から誕生していることを示している。人びととの「つながり」を求めて,様々な活動が存在していたことを知るだけでうれしい一冊。

栗原彬『「存在の現われ」の政治──水俣病という思想』以文社,2005年

　　戦後の政治学は,「である」論理や価値よりも「する」論理や価値を重視してきた。ところが,本書は,胎児性水俣病患者を例に,「あなたが存在してほしい」という価値観が重要だと主張する。「市民政治」は「存在の現われ」の政治に対処できるのか考えさせられる。

帯刀治・北川隆吉編『社会運動研究入門──社会運動研究の理論と技法』
文化書房博文社,2004年

　　社会運動の理論と技法から始まり,市民運動,労働組合運動,NPO,グローバル時代の社会運動など社会運動の歴史と実態がわかり,さらに詳細な文献リストまでついていて,社会運動論の本のなかでは,いちばん便利な一冊。

終 章
# 「かかわりの政治学」と私たち

　本書では，いくつかの視点から「かかわりの政治学」の可能性についてさぐってみた。とはいえ，一種の手探りの作業にしかすぎない本書の試みから，読者の方々がクリアーな「かかわりの政治学」のイメージを獲得することはなかなか困難だったかもしれない。このように言うと，刊行本というかたちで読者にメッセージを届けなければならない執筆者の無責任さをさらけ出しているような気もする。しかしながら，私たち執筆者の意図は，読者に何かはっきりと形になったものを提供するのではなく，読者とともに考えをめぐらし，そして新しい政治の可能性についてともに考える素材を提供しようということにすぎない。

　だが，このような「かかわりの政治学」といったテーマ設定自体は，今日の日本，さらには今日の世界の政治状況・社会状況のなかで，どうしても避けて通ることのできないものではないだろうか。ここではまず，近年の政治学をはじめとする政治状況・社会状況に関する注目すべき考察を取り上げることによって，私たちの本書での試みについての現代的意義を確認してみることにしよう。

## 1　ジェンダー的視点からの問題提起

　まず最初に取り上げたいのは，政治学におけるジェンダーの視点の登場である。実は，本書の姉妹編的な位置にある『自分からの政治学』は，政治学のテキストとして先駆的に「ジェンダーと政治」

に関する一章を設けたことにより、一部から注目を浴びることになった。この本が公刊されたのは1996年であり、いまからわずか10年ほど前のことにすぎない。逆に言えば、それまでの政治学のテキストではジェンダーの問題が取り上げられることは皆無に等しかったのである。毎年1回日本政治学会によって発行される学会誌『年報政治学』は、2003年発行の同年報において「『性』と政治」を特集として組んだ。このことは、この10年で、政治学の世界でもジェンダーの問題への関心が急速に強まっていることを示しているといってよいだろう。もちろん、政治学におけるこうした関心は、現実の社会レベルでの関心の高まりと相互に関連しているということは言うまでもない。

　ジェンダーの視点の政治学への導入は、単に男女の問題を政治学が取り上げるようになったということを意味するだけではない。家庭や社会における女性への差別や抑圧といった問題を私的領域としての問題としてではなく、公的領域に関わる問題として発見したことが重要なのであり、ジェンダーの視点の導入は、政治学が暗黙の前提としていた「政治的なもの」と「非政治的なもの」との間の線引きを見直すことにつながっていった。この点について、進藤久美子『ジェンダーで読む日本の政治』（有斐閣、2004年）の議論を紹介してみよう。進藤によれば、「近年政治は、女性たちの主体的な政治参画を通して、新しい『ジェンダー複眼』的な展望を拓きつつ」（20-21頁）あり、「ジェンダー複眼」すなわち男性の視座からのみ構築されてきた理論・制度のジェンダー的視点からの組み換えは、政治に二つの新しい展望をもたらしているという。二つの展望のうち第一のものとして「社会の仕組みをジェンダー共生型制度へ組み替えていく政策課題の登場」（具体例として児童買春防止法や強姦法改正が取り上げられている）を指摘したうえで、進藤は第二の展望を次

のように示している。

> 「そしていまひとつは，従来の男性的政治で不可視であった新しい政治争点が，ジェンダーの価値と利益を組み入れることで可視化し，伝統的政治で決して取り上げられることのなかった新しいジェンダー共生型政策課題が提示されたことである。」（同，25頁）

進藤が指摘するように，たしかにセクシャルハラスメントやドメスティックバイオレンスといった問題は，職場や家庭においてこれまでにも生じていた問題であったのであり，「政治が介入して個人の自由な活動を拘束すべきではないと考えられてきた」。こうした「政治的価値」の「反転」を伴うジェンダー複眼の視座を組み込んだ新しい政治のあり方は，次のような新しい政治文化の形成の構想に結び付けられている。

> 「日常の男女の営為と関係をジェンダー共生的なものに組み替え，共生の価値を市民生活と社会に血肉化していく。それは，これまでの男性的政治の依拠する力の論理ではない，共生の価値を尊ぶ政治文化を作り上げることにほかならない。もっとも身近な日常生活のレベルで共生の政治文化を作り上げること。その身近な共生の政治文化こそが究極的に，社会の中の，あるいは国家間の様々な紛争解決のプロセスで，利権追求のための暴力的『他者支配の力』に依存する方法にとって替わる共生型紛争解決の道を切り拓くことになるはずである。」（同，27頁）

進藤が展開しているように，ジェンダーの視点の導入は，政治学が扱う問題領域を再度見直す作業を私たちに迫っているのである。また，上に引用した文章の「ジェンダー」という用語を，マイノリティという用語に置き換えて考えてみることも可能であろう。すなわち，ジェンダーの問題に限らず，ともすればこれまで私的領域す

なわち非政治的領域として捉えられてきた「私たちの日常の営為と関係」を見直し、「身近な共生の政治文化」を作り上げていくことの重要性に私たちは気付かなければならない時代に生きているのである。また、「かかわりの政治学」という課題設定にひきつけて考えるならば、私たちは今なお、男性と女性という生物学上の性差の問題を踏まえながら、固定化された性別役割分担を乗り越えたかたちでの男女間の「わたしたち」の関係をどのように構築することができるのかが問われているといえるのではないだろうか。

## 2 社会的資本論への注目

ジェンダー問題と並んで、政治学を含む近年の社会科学諸分野で注目されている議論のひとつに社会的資本論がある。この社会的資本論の議論の契機となったのは、R. パットナムによる『哲学する民主主義』のなかで展開された議論であった。パットナムは、イタリアにおける地方自治改革の展開過程について地域毎の調査とそれに基づいた分析を試み、地域によって地方自治ないしは地域の民主化に大きな相違があることを提示し、そうした地域間の違いが一体どこに由来するのかを考察した。この考察のなかで彼が着目したのが社会的資本であり、それは歴史のなかで社会的に蓄積された民主主義的な経験とその伝統とでも呼ぶべきものであった。パットナムは以下のように述べている。

「一世紀前に、社会的な連帯と市民的な動員の新たな形態にイタリア人が最も熱心に取り組んだ地域でこそ、今日においても政治的・社会的生活において最も市民性が徹底的にしているのである。さらには、これらの州こそが、一千年も昔においても公的生活は紛れもなく市民的であったのだ。

共同体の生活は,今日と同じように印象深く開花し,塔仲間,同職組合,隣保団体,その他の様々な形態の市民参加が積極的に行われた。」(ロバート・D・パットナム『哲学する民主主義』NTT 出版,1997年,183頁)

　こうした市民的伝統の存在の有無と民主主義との相関性についての指摘に続いて,パットナムは,「経済は市民的伝統を予測しないが,市民的伝統は経済を予測する」(同,192頁)というように,経済発展が民主主義を支える「市民共同体」を生み出すというよりも,逆に「市民共同体」の存在が経済発展に影響するという指摘も行っている。そのような「市民共同体」の内実の一部を構成するのが「社会資本」であり,パットナムによればそれは「調整された諸活動を活発にすることによって,社会の効率性を改善できる,信頼,規範,ネットワークといった社会組織の特徴をいう」。(同,206-207頁)

　以上のようなパットナムの議論については,社会資本という概念の曖昧さや,社会資本と実際の民主主義の発展過程の間の因果関係等について今後も論争が繰りかえされるだろう。また,パットナムが用いるデータや解析手法についての疑問や批判も提示されている。しかしながら,パットナムの議論におけるキー概念の一つである「社会資本」が,「信頼,規範,ネットワーク」といった,個々の人間ではなく,人と人との間の関係性に関わる内容を有していることは,本書で問題にした「かかわり」の問題が,政治的な民主主義を考察するうえで不可欠な問題であるということを示唆しているといえるだろう。すなわち,人と人との間に取り交わされる信頼やルールに基づく民主的な相互行為の問題と,そうした民主的行為が歴史のなかでどのように蓄積されてきたかが民主主義を下支えするものとして注目すべきであるということを,社会資本論を中心とし

たパットナムの議論からくみ取ることができるのではないか。

## 3 公共性と政治

最後にもう一つ、近年盛んに議論されているテーマを取り上げておこう。それは公共性問題をめぐる議論である。様々な領域の研究者による大掛かりな共同研究の成果としてシリーズ「公共哲学」が刊行され（東京大学出版会から2004年6月までに15巻出版）、また公共政策や公共事業など公共性に関わる様々な文献が出版されるなど、「公共性」問題には大きな関心が寄せられている。こうした公共性問題に対する政治学の観点からの整理の試みの一つに山口定『市民社会論』（有斐閣、2004年）があるが、その中で彼は公共性問題に対する関心の高まりの背景を以下のように指摘している。

> 「近年のわが国の状況には、確かに、こうした『公共性』問題の理論的定位や枠組の模索を最優先の課題とさせる事態が孕まれている。そして、その背景には、既成政党支持層の分解による『公共空間の喪失』や構造汚職に見られる『公私混同』の蔓延、果ては『市場原理』主義の隆盛による『公共政策』関係者の萎縮や『福祉国家の危機』と財政破綻、さらには近代における『公共性』の中心的な担い手だった『国民国家』体制そのものの行詰まりがある。」（同、261頁）

山口は、このような今日的な状況に加えて、現在日本の歴史的位相にも目を向けて、さらに次のような説明を加えている。

> 「しかし、ことわが国に関しては、状況の特性をもっと絞る必要があるものと思われる。すなわち、そこでは、一方において、第二次世界大戦における敗北以来五〇年を越える歳月を経た今日、かつて日高六郎が『滅私

奉公から滅公奉私への転換』と呼んだ国民意識のあり方にかかわる問題状況が極限にまで達したのではないか，という多くの研究者たちの問題意識がある。また，他方においては，明治以来一〇〇年をはるかに越える期間，日本における『公』を担い続けてきた『官』あるいは『役所』の威光，もしくは，主張がそのまま『公共性』を体現するものとしてまかり通った時代がようやく終焉しはじめ，『官』による『公共性』の独占が大きくゆらぎはじめた状況がある。そしてこの二つの状況を結合させて考えた場合，現在のわが国には，『官』による『公共性』は大きくゆらぎはじめたものの，これを市民の立場から補完したり，改革したり，場合によってはすくなくとも部分的にこれにとって代わるべき『下から』の『市民的公共性』がなお未成熟であるという，特殊に困難な状況が生じていることに気づかされる。」(同，262頁)


やや長い引用になったが，山口の見解を本書のプロットにひきつけて整理し直してみると，現代日本における私たちにとっての「かかわり」の問題は，日々マスコミなどでも報じられる従来の「かかわり」の破綻や機能喪失からばかりではなく，近現代日本の歴史的転換という視点からも考えてみなければならない問題であるといえよう。と同時に，山口の指摘からいまひとつ読み取れることは，「公共性とは何か？」という問題とならんで，「誰が公共性を担うのか？」という問題に私たちは直面しており，容易に「誰が」の問題に答えを出せないのが現在の日本の状況であるということである。そして，この場合の「誰が」という問題は，公共性の問題領域で議論されるかぎり，個々の「誰が」の問題としてではなく，複数の，ないしは，集合的な意味での「誰が」の問題として考える必要があるだろう。

このように，これからの政治を構想していくうえで，私たちの間の「かかわり」のありようを考えてみることは，近年の政治学を含

む社会科学の議論のなかでも重要視されつつある問題領域と様々な点で重なり合っていることがわかるだろう。ジェンダー，社会的資本論，公共性問題というこの三つの問題領域は，それぞれが拠って立つ理論的な関心は異なるのかもしれないが，従来私たちが「政治の領域」と考えていた枠組みに再考を迫るものであるという点では共通しているようにも思える。そこで指摘されている，政治の領域そのものの見直し，人と人との間に交わされる「信頼，規範，ネットワーク」と民主主義の関連，そして新しい公共空間の担い手のありようの問題などは，私たちが本書で検討した「かかわりの政治学」とも様々なレベルで重なり合っているのである。

## 4　情報から考える「かかわりの政治」

　第1章で指摘したように，今日の日本社会に生起する様々な問題を考えてみると，私たちが生きる社会はますます「かかわり」の希薄な社会になりつつあるように思える。家族の崩壊，地域社会の崩壊，労働組合の組織率の低下などといった指摘は，従来のかかわりの場そのものが変容し解体しつつあることを示すものであるし，投票率の低下といった問題は，人々の「かかわり」への意欲の喪失を示しているのかもしれない。客観的な情勢としてはますます私たちの間の「かかわり」や私たちが物事に「かかわる」ことが困難な情勢になりつつあると言ってよいのかもしれない。そして，日本社会の一部に排他的でファナティックなナショナリズムへの共感が見られるのは，こうした「かかわり」の喪失状況と表裏一体の関係にあるのではないのだろうか。

　では，私たちの間の「かかわり」を成り立たせるもの，あるいは私たちが共同で何かに「かかわる」ことを可能にするものは，一体

終章 「かかわりの政治学」と私たち　171

どのようなものなのだろうか。何か役に立つ制度や組織，都合のよい道具のようなものがあれば，「かかわり」の復権といったようなことが可能になるのだろうか。ここで，ナショナリズム論の古典とも言うべき B. アンダーソン (Benedict Anderson) の『想像の共同体』における議論を思い起こしてみよう。政治的な意味で人々の間の「かかわり」を強め，そして時には多くの人々をして共通の目標達成のための「かかわり」へと駆り立てるものとしてナショナリズムは歴史的に大きな役割を果たしてきた。アンダーソンの著書の標題からもわかるように，そうしたナショナリズムが喚起されるに際して，あるいは，人々をナショナリズムへと駆り立ててゆくに際して，何か客観的な条件というもの以上に人々に共有される意識ないしは想像力が果たす役割は大きい。

　アンダーソンが言うように，「かかわり」ないしは「かかわり」の可能性が多分に私たちの間の想像力や共有されるイメージに宿されているとするならば，そうした想像力の喚起，そして喚起される想像力の内容を問わなければならないだろう。言い換えれば，これからの政治の焦点は，ひとつにはそうした想像力をめぐる争いという点にあるようにも思われる。良きにつけ悪しきにつけ，政治におけるマスメディアの果たす役割が注目されるのは，マスメディアが人々の想像力の形成に大きな影響力を有するに他ならないからではないだろうか。

　ここでもう少し私たちにとっての情報の問題について考えてみることにしよう。大嶽秀夫『日本型ポピュリズム』によれば，1990年代以降，マスコミ特にテレビ報道が日本政治に対して与える影響が飛躍的に強まったといわれる。平日の夜になれば，NHK だけでなく民放各局も報道番組を組んでいるが，こうした流れはテレビ朝日の「ニュースステーション」の成功がきっかけという。そしてさら

に，日曜日の午前中に各社が比較的長時間の報道討論番組を組むようになった。もちろん，これらの報道番組や報道特別番組は，政治の問題だけでなく，経済，社会，文化やスポーツなど，様々な話題を取り上げている。しかしながら，日曜日午前中の番組に顕著なように，テレビ局のスタジオには政治家が実際に登場し，様々な発言を行い，それが翌日の新聞の記事になるといったことも珍しくはない。政治家たちは政局を意識して発言し，また，発言の内容やインパクトによっては実際に政局に少なからぬ影響を与えたりもする。同書は，こうしたテレビと政治の密接不可分の関係が強化されている現象を「テレポリティクス」と呼んでいる。

このような「テレポリティクス」と呼ばれる現象は，たしかに私たちの政治に対する見方や考え方にも影響を及ぼしているに違いない。と同時に，実は，テレビに出演する政治家たちの発言や身振り手振りだけではなく，私たちが即座には察知しえない部分についても「テレポリティクス」の問題を指摘しておかなければならない。視聴者に政治をどのように見せるのか。番組の編成・編集など，いわゆる番組の仕込みの作業は，意識的か無意識的かはともかく，私たちに対して政治を「演出」している。例えば，外国の政治家の演説やインタビューには，しばしば日本語ナレーションが流されるが，そこで採用される声色はどのような基準で選ばれるのだろうか。北朝鮮関係のものだと，ほとんどが威嚇的で，時にはおどろおどろしい語り口のナレーションが流される。見ている側はそれだけで，あの国に対する一定のイメージをもってしまうだろう。私たちの想像力は，少し冷静に考えてみれば極めて根拠が薄弱で漠然とした思い込みのレベルで構成されているともいえるのではなかろうか。

こうした「テレポリティクス」の問題は，その作り手が誰なのかをある程度明確にすることができる。テレビに限らず，新聞でもラ

ジオでもそうである。ところが，現在の私たちのコミュニケーションの世界で急速に影響力を強めているインターネットの世界はどうだろうか。コンピュータさえあれば，誰でもどこからでも情報を発信できるインターネットの世界で交わされる情報は，情報の信憑性ばかりでなく，一体誰がどのような意図で情報を流しているのかということを把握することがしばしば困難になるのである。

　ところが，このように指摘したからといって，インターネットが世界から姿を消すわけではない。むしろ，今後さらに私たちの世界のなかでインターネットが占める意味合いは重いものとなるだろう。こうした情報の海とでもいうべき状況のなかで，否，そのような状況であるからこそ，私たちは私たちの「かかわり」の問題を今一度真剣に考えてみる必要があるのではないのだろうか。

## 5　「かかわり」へ，「かかわり」から

　本書で提示した論点は必ずしも整合的ではないのかもしれないが，最後に「かかわり」という視点に関連づけながら，各章で提示された論点をふりかえってみよう。様々な思想家の思想的営みのなかに，「かかわり」の問題を見出そうとした第2章は，私たちのなかの「かかわり」の要素に目を向けること，そして私たちがそれぞれ立脚している生活の根っこのようなところから「かかわり」の問題を再発見していくことの重要性を示唆した。第3章は，現代社会理論における公共性問題などを通じて，現代理論と「かかわり」との交錯点を探りだそうとした。私たちの「かかわり」のなかには常に権力性の問題が潜んでおり，どのような「かかわり」であれ，それを常に自己省察することの必要性を私たちは忘れてはならない。私たちの「かかわり」の場の一つである地域社会は，現在の「分権改

革」の時代潮流のなかで，今後益々重要性を増していくことになるだろう。第4章は，地域社会における地域行政の果たす役割について，現状を踏まえながら問題提起を行った。分権改革を通じていかによき制度を作るかという問題以上に，そうした改革過程に人々がいかに「かかわり」をもてるのかが問われることになるだろう。もちろん，私たちの「かかわり」の場は地域社会だけではない。今日あちこちで指摘されているように，少子高齢社会に急速に突入している日本においては，福祉社会のあり方そのものが大きく揺らいでいる。そのなかで，介護や医療，さらには労働のあり方を含めた社会のありようが問題視されている。第5章が論じたように，こうした問題は私たちのライフスタイルや日常の生活に直結する問題であり，変貌著しい社会のなかで今一度「自己なるもの」を見直して共同の社会を形成する構想をもつことが，喫緊の課題として浮上しているのである。そして，第6章では，戦後日本における社会運動について主として市民運動と住民運動の推移をたどりながら，それらの運動が模索した「かかわり」のあり方（ネットワーク）の内容とその意義を検討している。そこでは，日本の政治社会における新たな政治空間を生み出すうえで市民運動や住民運動が果たした一定の役割が明らかにされている。しかし，新自由主義とグローバリズムが進展する現在は，これまでの歴史を踏まえながら，「市民」や「市民社会」の問題を私たちの「かかわり」のあり方から再度問い直す時代であるとの指摘がなされている。

　以上のまとめから導き出せることは，私たちが暮らす，地域，社会，国家，さらには世界のなかでの私たち自身が置かれている状況を見据えながら，私たちと他者との「かかわり」や私たちが様々な問題に「かかわり」をもつことの意味を考えてみることの重要性である。そうした思考の積み重ねやあるいは個々人の様々な「かかわ

り」をめぐる試行錯誤の繰り返しのなかで,「連帯」であるとか「共同」であるとか「協動」といったものの意味を捉え直していくことが求められているのではないか。日々に忙しく他人のことや社会のことなんかにかまっている暇なんてないと思っていたあなたが,「ひとまず立ち止まって考えてみよう」と思ったその瞬間から,新しい「かかわり」の世界への回路が広がっていくのではないのだろうか。実は本書が提供しているのは,そうした「ふと立ち止まる」ことへの気づきのためのヒントなのである。

## おわりに

　「かかわりの政治学」というテーマでの共同研究に着手して3年以上が経過した。参加者それぞれが専門領域での研究に忙殺されているのに加えて，近年の大学の急激な多忙化のなかで，なかなか研究会をもつこともできず，原稿のできあがりが当初の計画よりも相当にずれ込んでしまった。ただ，昨今，いわゆる「公共性」問題が多領域で検討され，様々な研究成果が発表されており，私たちの問題関心もまた，現代日本が抱える問題と深く結びついているのだという思いも強くした。次々と出版される「公共性」問題関連の研究成果を横目でにらみながら，2回の研究会以外は主としてメールでのやりとりを行いながらようやく本書の出版にこぎつけることができた。

　この共同研究の参加者は，かつて九州大学法学部に，あるいは同大学院法学研究科に在籍した時期に，政治外交史講座担当教員の石川捷治先生の研究室に出入りをしたという共通経験をもっている。梁山泊ゼミと呼ばれた石川ゼミでは，様々な議論が噴出し，出口なき議論が繰り返されるということもしばしばあった。ただ，そうした錯綜した議論を通して，私たちは人間が織りなす政治の世界の複雑さを知るとともに，そうした政治の世界のなかから連帯や希望をねばり強く探求しようとする先生の学風にも触れることができたように思う。大学や大学以外の職場でそれなりに月日を重ね，職場での仕事に疲れや苛立ちを覚えることも少なくない私たちが，再び石川研究室の扉をノックする気分で今回の共同研究を進めてきたとも

いえる。

　本書のタイトルを『かかわりの政治学』としたのは，石川先生を中心につくられた『自分からの政治学』(1996年刊，1999年改訂版)を多少なりとも意識したからである。改訂版が出されたことからもわかるように，比較的多くの方々が同書を手にとって下さった。「自分から」というテーマの延長線上に「自分」と「他者」との問題があるのではないか，そうした考えから今回のようなテーマ設定になった次第である。

　最後になったが，計画倒れを何度も繰り返す共同研究にねばり強くおつきあい下さった法律文化社の田靡純子さん，そして途中から編集のバトンを引き継ぎ最後までおつきあいいただいた野田三納子さんにお礼申し上げたい。

　2005年7月

　　　　　　　　　　　　　　日韓友情年を迎えた韓国・釜山にて

　　　　　　　　　　　　　　　　　　　　　　　　編　者

# 参照・引用文献

## 【第1章】

大嶽秀夫『日本型ポピュリズム——政治への期待と幻滅』中央公論新社，2003年。

香山リカ『ぷちナショナリズム症候群——若者たちのニッポン主義』中央公論新社，2002年。

小熊英二『〈民主〉と〈愛国〉——戦後日本のナショナリズムと公共性』新曜社，2002年。

小熊英二・上野陽子『〈癒し〉のナショナリズム——草の根保守運動の実証研究』慶應義塾大学出版会，2003年。

斎藤貴男『安心のファシズム——支配されたがる人びと』岩波書店，2004年。

篠原一『市民の政治学——討議デモクラシーとは何か』岩波書店，2004年。

杉田敦『デモクラシーの論じ方——論争の政治』筑摩書房，2001年。

高畠通敏『地方の王国』潮出版社，1986年。

高畠通敏編『現代市民政治論』世織書房，2003年。

松下圭一『戦後政治の歴史と思想』筑摩書房，1994年。

丸山眞男『現代政治の思想と行動〔増補版〕』未来社，1964年。

藪野祐三『先進社会のイデオロギー——ソシオ・ポリティクスの冒険』法律文化社，1986年。

## 【第2章】

アレント，ハンナ／志水速雄訳『革命について』筑摩書房，1995年。

ウォルツァー，マイケル／山口晃訳『義務に関する11の試論——不服従，戦争，市民性』而立書房，1993年。M. Walzer, *Essays on Disobedience, War, and Citizenship*, Harvard University Press, 1970.

ウォルツァー，マイケル／山口晃訳『正義の領分——多元性と平等の擁護』而立書房，1999年。M. Walzer, *Spheres of Justice*, New York, Basic Book, 1983.

川人博『過労自殺』岩波新書，1998年。

菊地理夫『現代のコミュニタリアンと「第三の道」』風行社,2004年。

佐々木毅・金泰昌編『公共哲学』全十巻(東京大学出版会,2001〜2002年)。

サンデル,M.J./菊池理夫訳『自由主義と正義の限界』三嶺書房,1992年。M. J. Sandel, *Liberalism and the Limits of Justice*, Cambridge, Cambridge University Press, 1982.

シューマッハー,E.F./小島慶三・酒井懋訳『スモールイズビューティフル——人間中心の経済学』講談社学術文庫,1986年。

デュルケーム/宮島喬訳『自殺論』中公文庫,1985年。

ベラー,R.N.ほか著/島薗進・中村圭志訳『心の習慣——アメリカ個人主義のゆくえ』みすず書房,1991年。

マッキンタイア,アラスデア/篠崎栄訳『美徳なき時代』みすず書房,1993年。

ルソー/河野健二訳『政治経済論』岩波文庫,1951年。

ロールズ,ジョン/矢島鈞次監訳『正義論』紀伊国屋書店,1979年。

Avineri and de-Shalit, *Communitarianism and Individualism*, Oxford, Oxford University Press, 1992.

Ferguson, A. *Political Liberalism*, Columbia University New York, Press, 1993.

Jefferson, Thomas, *Political Writings*, edited by Joyce Appleby and Terence Ball, Cambridge University Press, 1999.

Rawls, J. *An Essay on the History of Civil Society (1767)*, edited by Fania Oz-Salzberger, Cambridge University Press, 1995.

Horton, J., and Mendus, S., *After MacIntyre; Critical Perspectives on the Work of Alasdair MacIntyre*, Polity Press, 1994.

## 【第3章】

伊藤周平『福祉国家と市民権——法社会学的アプローチ』法政大学出版局,1996年。

井上達夫『共生の作法——会話としての正義』創文社,1986年。

今井弘道編『「市民」の時代——法と政治からの接近』北海道大学図書刊行会,1998年。

岡野八代『シティズンシップの政治学——国民・国家主義批判』白澤社＝現代書館，2003年。
現代思想『市民とは誰か』青士社，1999年。
齋藤純一編『福祉国家／社会的連帯の理由』〈講座・福祉国家のゆくえ第5巻〉ミネルヴァ書房，2004年。
佐々木毅・金泰昌編『公共哲学』(全十巻) 東京大学出版会，2001〜2003年。
篠原一『市民の政治学——討議デモクラシーとは何か』岩波新書，2004年。
渋谷望『魂の労働——ネオリベラリズムの権力論』青士社，2003年。
施光恒『リベラリズムの再生——可謬主義による政治理論』慶応義塾大学出版会，2003年。
高畠通敏編『現代市民政治論』世織書房，2003年。
立木茂雄編『ボランティアと市民社会——公共性は市民が紡ぎ出す〔増補版〕』晃洋書房，2001年。
パットナム, ロバート.D./河田潤一訳『哲学する民主主義——伝統と改革の市民的構造』NTT出版，2001年。
山口定『市民社会論——歴史的遺産と新展開』有斐閣，2004年。

## 【第4章】

石川捷治「第6章 分権と民主主義の可能性」藪野祐三編著『アジア太平洋時代の分権』〈アジア太平洋センター研究叢書11〉九州大学出版会，2002年。
今井一『住民投票——観客民主主義を超えて』岩波新書，2000年。
宇佐美誠『決定』〈社会科学の理論とモデル4〉東京大学出版会，2000年。
大森彌「住民の『元気』と自治の可能性」高木鉦作編『住民自治の権利〔改訂版〕』法律文化社，1981年。
大森彌「発題V 身近な公共空間」西尾勝・小林正弥・金泰昌編『自治から考える公共性』〈公共哲学11〉東京大学出版会，2004年。
金井利之『自治制度』〈行政学叢書3〉東京大学出版会，2007年。
金平輝子編集『男女協働社会の創造』〈21世紀の地方自治戦略11〉ぎょうせい，1993年。
蒲島郁夫『政治参加』〈現代政治学叢書6〉東京大学出版会，1988年。
川口清史・田尾雅夫・新川達郎編『よくわかるNPO・ボランティア』

〈やわらかアカデミズム・〈わかる〉シリーズ〉ミネルヴァ書房，2005年。

木佐茂男・逢坂誠二編『わたしたちのまちの憲法——ニセコ町の挑戦』日本経済評論社，2003年。

佐藤竺「第4章　地方自治を支える（組織）」佐藤竺監修／今川晃・馬場健編『市民のための地方自治入門〔改訂版〕——行政主導型から住民参加型へ』実務教育出版，2005年。

椎橋勝信「自治体選挙の構造」松下圭一・西尾勝・新藤宗幸編『自治』〈岩波講座自治体の構想5〉岩波書店，2002年。

篠原一『市民の政治学——討議デモクラシーとは何か』岩波新書，2004年

進藤久美子『ジェンダーで読む日本政治——歴史と政策』有斐閣選書，2004年。

新藤宗幸『市民のための自治体学入門』ちくま学芸文庫，1996年。

新藤宗幸『地方分権〔第2版〕』岩波テキストブックス，2002年。

新藤宗幸『財政投融資』〈行政学叢書2〉東京大学出版会，2006年。

新藤宗幸『新版　行政ってなんだろう』岩波ジュニア新書，2008年。

神野直彦『財政学〔改訂版〕』有斐閣，2007年。

神野直彦『財政のしくみがわかる本』岩波ジュニア新書，2007年。

高橋秀行『市民参加条例をつくろう』公人社，2004年。

辻山幸宣編著『住民・行政の協働』〈分権時代の自治体職員7〉ぎょうせい，1998年。

辻山幸宣「自治基本条例の構想」松下圭一・西尾勝・新藤宗幸編『機構』〈岩波講座自治体の構想4〉岩波書店，2002年。

中川義朗編『21世紀の地方自治を考える——法と政策の視点から』〈法律文化ベーシック・ブックス〉法律文化社，2003年。

西尾勝「自治」『行政学の基礎概念』東京大学出版会，1990年。

西尾勝編集『自治の原点と制度』〈21世紀の地方自治戦略1〉ぎょうせい，1993年。

西尾勝『未完の分権改革——霞が関官僚と格闘した1300日』岩波書店，1999年。

西尾勝『行政の活動』有斐閣，2000年。

西尾勝『行政学〔新版〕』有斐閣，2001年。

西尾勝『地方分権改革』〈行政学叢書5〉東京大学出版会，2007年。

西尾勝・新藤宗幸『いま,なぜ地方分権なのか』実務教育出版,2007年。
広岡守穂『NPOが新しい社会をつくる――市民活動促進法とエンパワーメント』〈石川自治研ブックレット No. 1〉石川県地方自治研究センター,1997年。
広井良典『定常型社会――新しい「豊かさ」の構想』岩波新書,2001年。
広井良典『持続可能な福祉社会――「もうひとつの日本」の構想』ちくま新書,2006年。
廣嶋清志「人口構成の変化と日本社会のゆくえ」大森彌編集『人口動態と行政サービス』〈21世紀の地方自治戦略4〉ぎょうせい,1993年。
松下圭一『政策型思考と政治』東京大学出版会,1991年。
松下圭一「なぜ,いま,基本条例なのか」『自治基本条例・参加条例の考え方・作り方』地方自治職員研修臨時増刊号71,公職研,2002年。
松下圭一・西尾勝・新藤宗幸編『課題』〈岩波講座自治体の構想1〉岩波書店,2002年。(そのなかでも鹿嶋敬「男女共同参画」,木佐茂男「地方自治基本法」,須田春海「市民活動と市民運動」,廣瀬克哉「分権・自治のためのIT戦略」,森田朗「分権化と国際化」,山岡義典「ボランティアとNPO」を参考にした。)
村上順『日本の地方分権』弘文堂,2003年。
室井力・兼子仁編『基本法コメンタール 地方自治法〔第4版〕』〈別冊法学セミナー No. 168〉日本評論社,2001年。
藪野祐三『ローカルデモクラシーⅠ――分権という政治的仕掛け』法律文化社,2005年。
藪野祐三『ローカルデモクラシーⅡ――公共という政治的仕組み』法律文化社,2005年。
読売新聞政治部『法律はこうして生まれた――ドキュメント立法国家』中公新書ラクレ,2003年。
リーズ,C. A./田中浩・安世舟訳編『事典 政治の世界――理論・思想・制度・国際』御茶の水書房,1987年。

【第5章】
ウィレンスキー,ハロルド. L./下平好博訳『福祉国家と平等――公共支出の構造的・イデオロギー的起源』木鐸社,1984年。

石原俊時『市民社会と労働者文化――スウェーデン福祉国家の社会的起源』木鐸社，1996年。
齋藤純一『公共性（思考のフロンティアシリーズ）』岩波書店，2000年。
社会政策学会編『自己選択と共同性――20世紀の労働と福祉（社会政策学会誌第5号）』御茶の水書房，2001年。
社会政策学会編『「福祉国家」の射程（社会政策学会誌第6号）』ミネルヴァ書房，2001年。
鐘家新『日本型福祉国家の形成と「十五年戦争」』〈Minerva 社会福祉叢書3〉ミネルヴァ書房，1998年。
ピアソン，クリストファー／田中浩・神谷直樹訳『曲がり角にきた福祉国家――福祉の新政治経済学』未来社，1996年。
廣澤孝之『現代日本政治史』晃洋書房，2005年。
マーシャル，T. H.，ボットモア，T. ／岩崎信彦・中村健吾訳『シティズンシップと社会的市民権』法律文化社，1993年。
宮本太郎編著『福祉国家再編の政治』〈講座・福祉国家のゆくえ第1巻〉ミネルヴァ書房，2002年。
リッター，G. A.／木谷勤ほか訳『社会国家――その成立と発展』晃洋書房，1993年。

【第6章】
小田実『「ベ平連」・回顧録でない回顧』第三書館，1995年。
大畑裕嗣ほか編『社会運動の社会学』有斐閣，2004年。
齋藤純一『公共性』岩波書店，2000年。
高畠通敏編『現代市民政治論』世織書房，2003年。
坪郷實編『新しい公共空間をつくる――市民活動の営みから』日本評論社，2003年。
ハーバーマス，ユルゲン／細谷貞雄・山田正行訳『公共性の構造転換――市民社会の一カテゴリーについての探究〔第2版〕』未来社，1994年。
日暮雅夫「対抗的公共圏の形成のために――ハーバーマスとその後」『唯物論研究年誌』第5号，2000年，91-115頁。
安田雪『実践ネットワーク分析――関係を解く理論と技法』新曜社，2001年。
山口定『市民社会論――歴史的遺産と新展開』有斐閣，2004年。

Sasaki-Uemura, Wesley, *Organizing the Spontaneous : citizen protest in postwar Japan*, University of Hawaii Press, 2001.

## 【終 章】

アンダーソン，ベネディクト／白石さや・白石隆訳『想像の共同体――ナショナリズムの起源と流行』NTT 出版，1997年。

石川捷治・平井一臣編『自分からの政治学』法律文化社，1996年（改訂版，1999年）。

大嶽秀夫『日本型ポピュリズム――政治への期待と幻滅』中央公論新社，2003年。

進藤久美子『ジェンダーで読む日本政治――歴史と政策』有斐閣，2004年。

パットナム，ロバート.D.／河田潤一訳『哲学する民主主義――伝統と改革の市民的構造』NTT 出版，2001年。

山口定『市民社会論――歴史的遺産と新展開』有斐閣，2004年。

# 事項索引

## あ行

愛国主義　15
愛国心　16, 18
アクティベーション　123
アソシエーション　55, 62, 66, 67, 70, 75, 121
　――的市民社会　62
新しい社会運動　72
アメリカ的立憲体制　30
アメリカニズム　17, 18, 19
アメリカン・デモクラシー　25
安保闘争　129, 132, 134, 135, 136, 137, 138, 139, 145
イスラム原理主義　18
意味づけ　134, 135, 136
インターネット　1, 80, 100, 173
内なる国際化　79
エートス論　63
エスニシティ　71
NGO　17, 19, 67, 151
NPO　17, 19, 67, 82, 83, 86, 154, 156, 157, 158, 159
　――法人　83, 155, 157
大きな政府　14, 103

## か行

格差原理　26
革新自治体　110
革新系国民運動　137, 138, 140, 141
家族　2, 28, 42, 55, 93, 117
　――主義　10
　――的　25
間接民主制　89
機関委任事務　90
機関委任事務制度　89
企業社会　112, 120, 121, 123, 124, 125, 126
企業主義(会社主義)　12
基本的共和国　43, 44
義務論的正義論　26, 27
9・11テロ　17
行政手続　100
協働(コラボレーション)　154, 155, 156, 175
共同体　23, 28, 35, 37, 39, 40, 41, 43, 45, 46, 69
　――主義　36, 41
　――論　25, 33, 46
　――論者　34
共和主義　71
　――主義者　44
　――主義的　59
近代市民社会　129
国民国家　103
グローバリズム　16, 19, 20
グローバル化　17, 18, 57, 67, 120, 122, 125, 127, 157, 160
権威主義　10
現代市民社会　54
　――論　75

現代的自由主義　64
憲法改正　94
権利の政治　64
権力　71,75
権力の合意モデル　71
公共空間　69
公共圏　132,135,154,158,160
　対抗的——　129,135～137,145,147,151,152,155,159,160
公共性　69,73,103,121,122,126,127,142,144,145,150,157,158,168,169
　強い——　158
　弱い——　158
公共世界　28,49
公共的
　——アイデンティティ　29
　——アソシエーション　75
　——精神の喪失　28
　——人間　23,24,25
　——理性　29,31
公衆の理性　30
公的幸福　41,42,43,46
高度経済成長　10,12,14,110,111,114,116,117,120
合理的多元性　30
高齢化　79
　——社会　14
声なき声の会　129,130,138
国際化　17,79
国際貢献論　13
国民国家　19,35,41,127
個人　23
　——主義　35,92,126
国家　2,6,9,17,20,36,37,38,47,54,62,64,70,75,119
　——権力　70
国家官僚制　113
コミュニケーション権力　70
コミュニタリアニズム　63,64,67
コミュニタリアン　74
コミュニティ　63,64,65～69,74,75,91
コンドルセのパラドックス　90

さ行

サークル　130,131,136,138
　——活動　131,132,135,137
シヴィック・ヒューマニズム　30,31
ジェンダー　6,71
私化　32,48
　——状況　47
自己選択　103,125,126
　——権　105,106
市場　54,75
　——原理　127
　——原理主義　122,168
　——主義　15,115
思想の科学研究会　130
自治　40,46,49,59
シチズンシップ　55,56,57,58,59,60,61,62,75
　——論　55,72
自治体　2,19,24,79,81,83,88,89,94,96,97,98,99
自治体基本条例　97,100,101
自治体選挙　89
私的アソシエーション　74
自発的結社　54,62,65,68
シビル・ミニマム論　110

事項索引　189

市民　30, 38, 44, 55, 60, 65, 68, 75, 78, 121, 124, 126
　——運動　11, 129, 132, 137〜141, 142, 143, 144, 145〜147, 148, 154, 156
　——活動　121, 156〜159, 160
　——活動組織　157
　——権　59
　——主義　130, 131, 134, 135
　——性　62, 65, 69
　——文化　118
市民社会　51, 53, 54, 61, 67, 68, 69, 70, 71, 73, 74, 75, 118, 119, 123, 124, 127, 128, 131, 132, 148, 152, 153, 155〜159, 160, 174
　——的状況　52
　——論　51, 53, 61, 63, 66, 68, 72, 74, 157
市民政治　130
　——論　11
市民的公共圏　136, 137, 141, 147, 155, 159, 160
市民的公共性　69, 73, 158
自民党一党優位体制　52
社会運動ネットワーク　129, 133, 148, 152, 154
社会関係資本　148
社会的権利　57
社会(的)資本　167, 170
社会的セーフティーネット　122, 123, 124
社会的連帯　56
社会保障　104, 105, 107, 126
社会連帯　106, 107, 121
自由　48

自由主義　34, 39, 63
自由主義社会　37
集団主義的　15
住民運動　11, 93, 137, 141〜145, 147, 148, 152, 153, 154, 155, 156
住民参加　98, 99, 100, 156
住民自治　145
住民投票　93, 94, 95, 96, 97, 98
熟議（審議）デモクラシー　70
少子・高齢化　79, 103, 104
情報公開　100
新自由主義　118, 154, 157, 158, 159, 160
新保守主義　12, 13, 14, 15, 16, 20
　——改革　14
親密圏　48
水郷水都全国会議　154
　第1回——　155
スコットランド啓蒙　44
正義　9, 26, 27, 29, 32, 34, 40
　——論　31
政治権力　36, 55, 59
政治参加　59, 86, 92, 93, 94
政治的自由主義　29, 31
政治的リベラリズム　29
世界疎外　46
セキュリティの政治　74
善　29, 33
　共通——　65
　共同——　9, 34
　公共——　44
　公衆の——　30
選挙　8, 30, 36, 86, 89, 90, 91, 95, 98
　——活動　86, 92

――権　23, 59
全国自然保護連合　148〜153, 154
戦争体験　134〜137, 138, 139, 140
ソーシャル・キャピタル　69

## た行

大衆社会状況　11, 63
大衆社会論争　63
タウンミーティング　91
多文化主義　61
男女共同参画社会　81
地域エゴイズム運動　144, 145
小さな政府　12, 157, 158
地方自治　91, 100
地方自治体　78, 87, 89, 91, 96, 110
地方自治法　85, 89, 90, 94, 100
地方政府　77, 84, 86
地方分権　84
中央集権　84
中央政府　77, 81, 82, 84, 86, 96
中間集団論　63
デモクラシー　69, 70
テレポリティクス　172
天皇　10
　――制国家　11
同時代体験　134, 136, 137
投票率　89, 90

## な行

ナショナリズム　15, 16, 17, 18, 19, 20, 170, 171
日米安全保障条約　13, 18
日米安保体制　109
日本型福祉社会論　111, 112, 118
日本国憲法　10, 12, 89, 94, 100

日本湿地ネットワーク　151, 152
NIMBY　92
ネオリベラリズム　72, 73
ネオリベラル　74
ネットワーキング　133
　――論　133
ネットワーク　78, 132〜134, 137, 138, 141, 143, 144, 148, 151〜154, 155, 170
　――型運動　133
　――分析　133
　――論　63
年金改革　104, 105

## は行

配分的正義　25
バブル（経済）崩壊　14, 84, 115
フェミニズム　61
負荷なき自我　64, 67
福祉国家　14, 26, 28, 34, 56, 57, 73, 103〜113, 114, 116, 117〜121, 123, 125, 126
　――体制　56
　――的リベラリズム　26
福祉社会　103, 107, 111, 113, 117, 118, 119, 121, 122, 124, 126, 128, 174
福祉の市場化　106
文化資本　71
文化帝国主義　61
分権型社会　84
ベ平連（ベトナムに平和を！　市民連合）　138〜141, 145〜147
ポピュリズム　14

ボランティア　51, 67, 81
　──活動　81, 82

## ま行

民主主義　48, 91
　──国家　8
　間接──　91
　議会制──　11
　社会──　15, 108, 109, 118
　戦後──　10, 11
　代議制──　95, 96, 98
　直接──　94

## や行

豊かな社会　12, 47, 103, 114

## ら行

利益集団自由主義　25

利益（配分）政治　12, 25
リコール　94
リベラリズム　63, 64, 68
リベラル・コミュニタリアン論争
　62, 63, 65, 75
冷戦　13, 17, 18
　──時代　14
連帯　115, 128, 148, 175
労働組合　11, 20, 54, 118, 121
　──運動　13
ローカリズム　16, 19

## わ行

ワークフェア　123, 124

# 人名索引

**あ行**

アダムズ (Adams, John)　42
アリストテレス (Aristoteles)　41, 44
アレント (Hannah, Arendt)　41, 42, 43, 45, 49, 71
アンダーソン (Anderson, Benedict)　171
伊藤周平　58
井上達夫　63
ヴァーバ (Verba, Sidney)　86
上野陽子　16
ウェーバー (Weber, Max)　33
ウォルツァー (Walzer, Michael)　35, 36, 37, 39, 40, 41
大嶽秀夫　171
小田実　139, 146

**か行**

蒲島郁夫　86, 88
香山リカ　16
ガルブレイス (Galbraith, John Kenneth)　47
川人博　39
カント (Kant, Immanuel)　27, 44, 46
クールゲ (Kluge, Alexander)　135, 136
小林トミ　129, 130, 132, 138, 139

**さ行**

齋藤純一　57, 69, 71, 72, 74
ササキウエムラ (Sasaki-Uemura, Wesley)　131
佐藤竺　92
佐藤慶幸　66
サンデル (Sandel, Michael)　33, 34, 35, 40
ジェファーソン (Jefferson, Thomas)　42, 43, 45
渋谷望　74
シューマッハー (Schumacher, Ernst Friedrich)　48
シュワルツ (Schwartz, Frank)　54
白島邦夫　131
進藤久美子　164, 165
スタンプス (Stamps, Jeffrey)　133

**た行**

ダール (Dahl, Robert Alan)　25
田中角栄　12
千葉眞　51, 59
鶴見俊輔　130
デュルケーム (Durkheim, Emile)　39

**な行**

中村紀一　143
ネークト (Negt, Oskar)　135, 136
ノージック (Nozick, Robert)　34

## は行

ハーバーマス (Habermas, Jürgen)　51, 69, 71, 135, 137, 141, 158
パットナム (Putnam, Robert D.)　69, 166～168
ファーガスン (Ferguson, Adam)　44, 45
フレイザー (Fraser, Nancy)　158
ベンタム (Bentham, Jeremy)　44
ホッブズ (Hobbes, Thomas)　9, 37

## ま行

真壁仁　131
マーシャル (Marshall, Thomas H.)　55, 57, 59
マッキンタイアー (MacIntyre, Alasdair)　41
松下圭一　11, 63, 78
丸山眞男　10, 11
宮崎省吾　144, 145
ミラー (Miller, David)　66
村上順　86

## や行

藪野祐三　10
山口定　54, 69, 70, 71, 168, 169
ヤング (Young, Tris M.)　60, 75
吉川勇一　139

## ら行

リップナック (Lipnack, Jessica)　133
ルソー (Rousseau, Jean-Jacques)　9, 37, 91
ロールズ (Rawls, John)　25～32, 34, 35, 40, 46
ロック (Locke, John)　9, 45

```
2005年9月20日  初版第1刷発行
2008年4月10日  初版第2刷発行
```

# かかわりの政治学

編者　平井一臣
　　　ひら　い　かず　おみ

発行者　秋山　泰

発行所　株式会社　法律文化社

〒603-8053 京都市北区上賀茂岩ケ垣内町71
電話 075(791)7131　FAX 075(721)8400
URL:http://www.hou-bun.co.jp/

Ⓒ 2005 Kazuomi Hirai Printed in Japan
印刷：㈱冨山房インターナショナル／製本：酒本製本所
装幀　平井秀文
ISBN 4-589-02851-4

| 熊野直樹・星乃治彦編 | 社会主義体制の成立と崩壊は20世紀史の特徴のひとつである。日本，ドイツ，中国の事例を中心に，社会主義の登場とその世界的波紋，第二次世界大戦後のアジアでの展開を検証する。「他人のため」に生きた小さな英雄たちの歴史。|
|---|---|

## 社会主義の世紀
—「解放」の夢にツカれた人たち—

四六判・248頁・2730円

| 木村　朗編 | 20世紀の負の遺産（原爆・核兵器問題・二つの世界政府など）は21世紀に積み残された課題である。その確認とポスト冷戦の新しい世界秩序のなかで，東アジアにおける平和・安全保障の確立を展開。|
|---|---|

## 核の時代と東アジアの平和
—冷戦を越えて—

四六判・226頁・2520円

| 石川捷治・平井一臣編 | 自分（日常の場）と政治とのかかわりを，共生・歴史・現代・思想の4つのキーワードをもとに明らかにする。異文化・ジェンダー，日本とアジアの戦後，核の時代と平和思想など身近な問題を素材に平易に展開。初版以降の変化をふまえて改訂。|
|---|---|

## 自分からの政治学〔改訂版〕

四六判・310頁・2835円

| 平井一臣著 | これまでの近代日本の国家主義についての研究をふまえながら，1930年代に北部九州で展開された国家主義運動を実証的に明らかにする。地域政治社会との関連で運動を分析し，戦間期日本政治におけるその役割と性格を考察。|
|---|---|

## 「地域ファシズム」の歴史像
—国家改造運動と地域政治社会—

Ａ5判・298頁・3150円

| 廣澤孝之著 | 社会保障に関しては独自の道を歩んできたフランス。共和政国家の統合原理のなかに福祉の領域をどう取り込むかという，19世紀以来の議論の歴史的展開をふり返り，フランス福祉国家の構造的特性の一断面を解明する。|
|---|---|

## フランス「福祉国家」体制の形成

Ａ5判・242頁・4935円

———— 法律文化社 ————

表示価格は定価(税込価格)です。